Tony Earley

Eine Familie, irgendwie

Fast wahre Geschichten

Aus dem Englischen
von Karen Nölle-Fischer

Klett-Cotta

Klett-Cotta
Die Originalausgabe erschien unter dem Titel »Somehow Form a Family. Stories That Are Mostly True« bei Algonquin Books of Chapel Hill/ Workman Publishing, Chapel Hill/New York, 2001

Printed in Germany
Schutzumschlag: Finken & Bumiller, Stuttgart
Fotos: © CSA Plastock/Photonica (TV)
© Camerique/Archive Photos (Familie)
Gesetzt aus der 11 Punkt Bodoni von Dörlemann Satz, Lemförde
Auf säure- und holzfreiem Werkdruckpapier gedruckt
und gebunden von Kösel, Kempten
ISBN 3-608-93328-X

Für S.C.B.E.
Allem, was Sara dir gesagt hat, dem gehorche

Inhalt

»Der Autor hat versucht, ein wirklich wahres Buch zu schreiben, um festzustellen, ob die Eigenart eines Landes und die Eindrücke eines vierwöchigen Jagdunternehmens bei wahrheitsgetreuer Darstellung neben einem Werk der Phantasie bestehen können.«

Ernest Hemingway,
Die grünen Hügel Afrikas

»Was ist also das Problem? … Er denkt, er kann über ein x-beliebiges Thema schreiben, und man nimmt ihm alles ab … Aber das Zeug ist nicht so heiß, wie er zu wissen behauptet.«

T.S. Matthews über
Die grünen Hügel Afrikas

Einleitung

Am Abend des 20. Juli 1969 folgten meine kleine Schwester und ich unserem Vater in den Garten und betrachteten den Mond durch einen Theodoliten, der einem Nachbarn gehörte. Beim Blick durch das Okular hatte ich beinahe das Gefühl, Neil Armstrong auf der Oberfläche des Mondes sehen zu können, und das Weltall erschien mir riesengroß und zugleich winzig klein. Das ist eine der lebhaftesten Erinnerungen meiner Kindheit. Als ich fast dreißig Jahre später über diesen Abend schrieb, ging ich ausführlich darauf ein, daß der Vollmond in der Vergrößerung so hell gestrahlt hatte, daß man ihn fast nicht anschauen konnte. Als eine für Fakten zuständige Lektorin bei *Harper's* mir mitteilte, der Mond sei am Abend des 20. Juli 1969 nicht voll gewesen, sondern ein zunehmender Halbmond, wies ich die Möglichkeit zunächst weit von mir. Als ich dann selber nachschlug und feststellte, daß sie recht hatte, war ich einerseits mit einer Erinnerung konfrontiert, deren Lebendigkeit mich davon überzeugte, daß sie wahr sein mußte, und andererseits mit einer objektiven Wahrheit, die sich wesentlich von meiner Erinnerung unterschied. In diesem Moment ging mir, wenn auch ohne große Begeisterung, auf, was der Begriff *creative nonfiction* eigentlich besagt.

Wenn ich an jenen Abend zurückdenke, ist der Mond, den ich vor Augen sehe, immer noch voll; daß er in Wirklichkeit nur halbvoll war, verweist meine Erinnerung ins Reich der Phantasie, ins geheimnisvolle Land der Dichtung, in dem ein Autor jederzeit den Boden der Tatsachen verlassen kann, wenn es ihm dort nicht mehr behagt. Doch selbst wenn ich mich der Mondphase richtig entsonnen hätte, wäre das Etikett *nonfiction* für den resultierenden persönlichen Essay nur marginal zutreffender gewesen, während er genauso »kreativ« geblieben wäre wie vorher, als der über North Carolina schwebende Mond noch voll war. Jedesmal, wenn ich als Schriftsteller den Jungen, der ich vor einunddreißig Jahren war, in jenen Garten stelle und in den Himmel von damals schauen lasse, erfinde ich ihn, indem ich »mich« konstruiere, genauso wie jede andere fiktionale Figur. Gedächtnis und Phantasie erscheinen mir als verschiedene Namen für ein und dieselbe menschliche Eigenschaft. Clark Kent und Superman sind schließlich ein und derselbe Muskelprotz; der einzige Unterschied zwischen ihnen liegt darin, wie sie präsentiert und wahrgenommen werden.

Während es im Alltag notwendig ist, eine klare Grenze zwischen Wahrheit und Dichtung zu ziehen, damit wir nicht verrückt werden, ist diese Grenze – den Grenzen zwischen Staaten ähnlich – willkürlicher, als wir manchmal wahrhaben möchten. Gute Romane und Kurzgeschichten werden von Kritikern häufig als »wahr« gepriesen, und gelungene Memoiren werden fast immer mit Romanen verglichen. Der Essayist, der ein Gespräch von vor fünfundzwanzig Jahren wiedergibt (wie ich es in diesem Buch mehrmals tue), und der Verfasser einer Kurzgeschichte, der ein Gespräch zwischen fiktionalen Figuren erfindet, machen im Grunde das gleiche. Beide bedienen sich subjektiver menschlicher Erfahrungen, um daraus eine Erzählung zu entwickeln.

Die Form der Erzählung – eine Geschichte mit Anfang, Mitte und Ende – bietet uns nicht nur die Möglichkeit, einander Informationen über die Welt zu vermitteln, sondern hält der Welt auch einen Spiegel vor. Sowohl die Urknalltheorie als auch die biblische Schöpfungsgeschichte sind der Form nach Erzählungen. Der Physiker wie der Theologe versieht diese größte aller Geschichten mit Anfang und Mitte und der Verheißung eines Endes. Auf eine Geburt folgt Leben und Tod, die Sonne geht auf und wieder unter, jeder kleine Bach strömt talwärts zum Meer. Die Sonne und die Planeten erzählen im Vollzug ihrer Bahnen Tag für Tag die gleiche Geschichte, und unterdessen entfernen sich die Galaxien in unvorstellbar schnellem Flug vom Punkt ihres ersten Aufblitzens einem unausweichlichen Ende entgegen. In der physischen Welt ist nichts – weder Zeit noch Entfernung, und gewiß nicht der persönliche Essay – ohne Gottes narrativen Geist zu denken.

Dies Buch ist eine Sammlung persönlicher Essays, auch wenn sie diese Bezeichnung nur tragen, weil mir keine andere eingefallen ist. Das Beiwort *persönlich* habe ich wegen seiner berechtigten Assoziation mit der bekannten modischen Neigung zum Narzißmus nur zögernd gewählt. Auch die Bezeichnung Essay wähle ich nur zögernd für die zehn in diesem Band versammelten Stücke, denn nur eines von ihnen, »Quare: eine besondere genetische Veranlagung«, will mir als Essay von der Form erscheinen, wie ich sie vor Jahren zu verstehen gelernt habe. Im Kern ist dieses Buch eine Sammlung von Erzählungen. Daß die Geschichten beinahe wahr sind, sage ich, weil das Gedächtnis wie die Phantasie weitgehend eine Funktion der individuellen Wahrnehmung ist. Die anderen in diesen Essays/Erzählungen vorkommenden Menschen werden die beschriebenen

Ereignisse zweifellos anders in Erinnerung haben, das ist anders gar nicht möglich.

Die große Ironie des persönlichen Essays liegt darin, daß der Essayist universelle menschliche Wahrheiten zu beleuchten versucht, indem er von seiner eigenen Person spricht, ähnlich wie ein Basketballspieler, der zum Sprung ansetzt, indem er die Füße in den Boden stemmt, also bestenfalls kontraintuitiv vorgeht. Peinlicher ist das Wort *persönlich* nur zu machen, indem man unmittelbar das Wort *Reise* anschließt, doch, wiederum in Ermangelung eines besseren Ausdrucks, stellt dieses Buch just eine solche Reise dar. In ihm wird die Geschichte erzählt, wie mein Leben an einem Ort begann und mich an andere Orte führte und wie ich mich über diese Spanne hinweg selbst konstruierte. Sich bei Bedarf umzuschreiben, erscheint mir als typisch menschliche – und vor allem amerikanische – Beschäftigung. Möge dieses Buch in diesem Sinn als repräsentativer Bericht dienen, und möge sich meine Hoffnung erfüllen, daß sich die Leser in seinen Seiten wiedererkennen.

Eine Familie, irgendwie

Im Juli 1969 sah ich ungefähr so aus wie Opie im zweiten oder dritten Jahr der »Andy Griffith Show«. Ich war ein kleiner Junge mit einem großen Kopf. Ich trug Jeans mit umgeschlagenen Hosenbeinen und geknöpfte Kragenpullover mit Blockstreifen. Ich war der Bruder in einer Vater-Mutter-Bruder-Schwester-Familie. Wir wohnten in einem Vierzimmerhaus am Rande des offenen Landes, am Fuß der Berge, außerhalb einer Kleinstadt in North Carolina, die überall hätte sein können.

Auf der einen Seite von uns wohnten Mr. und Mrs. White. Sie waren alt und reich. Ihre Auffahrt war gepflastert. Mrs. White war die Präsidentin des Gartenklubs unserer Stadt. Wenn sie Mama besuchte, brachte sie ihren eigenen Aschenbecher mit. Mr. White war fast taub. Wenn er die Nachrichten im Fernsehen hörte, klang es wie fernes Donnergrollen. Die Whites hatten einen Aluminium-Wohnwagen, in dem man sich spiegeln konnte. Eines Sommers hängten sie ihn an ihren Chrysler und schleppten ihn bis ganz nach Alaska.

Auf der anderen Seite von uns wohnten Mack und Joan. Sie hatten eben erst das College hinter sich. Ich fand Joan wunderhübsch und finde es noch immer. Mack besaß ein Fischerboot und eine dreilagige Köderbox, in der jede Menge bunte Blinker mit spitzen Haken lauerten. Ein Haus weiter als Mack und Joan wohnte Mrs. Taylor, die alt war, und noch ein Haus weiter als Mrs. Taylor wohnten Mr. und Mrs. Frady, die einen gefährlichen Hund hatten. Meine Schwester Shelly und ich nannten ihn den Frady-Hund. Der Frady-Hund verlebte ein langes, bitteres Leben. Er starb erst, als ich schon eine ganze Weile den Führerschein hatte.

Im nächsten Haus neben den Whites wohnten Mr. und Mrs. John Harris, und noch ein Haus weiter wohnten Mr. und Mrs. Burlon Harris. John und Burlon waren Vettern ersten Grades. John war Lehrer, und in den Sommerferien reparierte er Rasenmäher, darunter auch unseren, in einem Schuppen hinter seinem Haus. Burlon erinnerte mich an Mr. Greenjeans aus »Captain Kangaroo«. Er hatte Pferde und ließ uns in seinem Stall spielen. Einmal hat Shelly heimlich eine seiner Katzen zu uns entführt und behalten. Burlon ist nicht böse geworden; er hat sie gefragt, ob sie noch eine haben wolle. Wir lenkten unsere Fahrräder in die Richtung von Mr. Harris' Haus, als würden wir von einem Magneten angezogen. In die andere Richtung fuhren wir nicht, dort saß der Frady-Hund in seinem Garten und hielt nach uns Ausschau.

Im Juli 1969 hatten wir nicht viel Geld, aber in der Hierarchie der Armen des Südens waren wir die gute Sorte, die Sorte, die man als Nachbarn in der Straße akzeptierte. Wir waren sauber. Unsere Sachen waren sauber. Meine Eltern hatten Arbeit. Wir gingen in die Kirche. Jeden Ostersonntag stellte Mama uns morgens vor der Forsythie auf und fotografierte uns. Wir bekamen zu allen Mahlzeiten Fleisch – Hähnchen und Rindergeschnetzeltes und Schweinskoteletts und Schinken – und reichlich Milch zu trinken. Wir waren kein Lumpenpack. Mrs. White hätte sich nicht mit ihrem Aschenbecher zu Pack in die Küche gesetzt. Lumpenpack waren die Leute, die in den beiden Häusern um die Kurve hinter Mr. Harris' Haus wohnten. Wenn Papa an den Häusern vorbeifuhr, konnten wir sehen, daß die Kinder im Garten schmutzige Gesichter hatten. Meistens bohrten sie mit Stöcken an irgend etwas herum. Shelly und mir war es verboten, mit dem Fahrrad um die Kurve zu fahren.

Ich wußte nur, daß wir arm waren, weil wir einen Schwarzweiß-Fernseher hatten. Er war ein alter Admiral aus den fünfziger Jahren mit baseballgroßen Messingknöpfen. Das Gehäuse war schlicht viereckig, ein Stahlwürfel mit aufgemalter Mahagonimaserung. Hoss aus »Bonanza« hätte ihn nicht alleine heben können. Es war ein eindrucksvolles Gerät, aber das Bild ließ sich nicht mehr feststellen. An dem Abend, als Neil Armstrong den Mond betrat, versammelten wir uns um den Fernseher, aber wir konnten nicht erkennen, was vor sich ging. Das Bild lief einfach durch. Wir drehten das Licht im Wohnzimmer aus, damit wir besser sehen konnten. Wir lauschten Walter Cronkite. Von Ferne hörten wir Mr. Whites Farbfernseher dröhnen. Wir wechselten den Sender und lauschten Huntley und Brinkley. Wir konnten die verzerrten Funkübertragungen aus dem All hören, aber wir konnten nichts sehen. Papa stellte sich mit einer Taschenlampe hinter den Fernseher. Er fragte: »Ist es so besser? Oder so?« Aber es half alles nichts. Mama sagte: »Freut euch, daß ihr überhaupt einen Fernseher habt.«

Nachdem die Eagle gelandet war, aber noch ehe die Astronauten die Tür geöffnet hatten, klopfte Mack an der Haustür und fragte, ob wir uns den Mond ansehen wollten. Er arbeitete als Ingenieur in einem Kraftwerk und hatte seinen Theodoliten hinten im Garten aufgestellt. Papa,

Shelly und ich gingen mit. Wir ließen Mama im blauen Licht des Fernsehers im Wohnzimmer sitzen. Sie meinte, sie wolle nichts verpassen. In meiner Erinnerung war der Mond voll, obwohl ich mittlerweile erfahren habe, daß das nicht stimmt. Ich weiß noch, daß vor den schwarzen Pinien zwischen unserem Garten und dem der Whites ganze Galaxien von Glühwürmchen tanzten. Mack richtete den Theodoliten auf den Himmel. Papa hielt mich hoch, damit ich hindurchschauen konnte. Der Mond im Rohr war verblüffend hell, der Mann im Mond war deutlich zu erkennen, aber von den Männern auf dem Mond war nichts zu sehen. »Du kannst sie natürlich nicht sehen«, sagte Mack, aber das wußte ich bereits. Ich sagte: »Das weiß ich.« Ich war nicht dumm und mochte es nicht, wenn man mit mir redete wie mit einem dummen Kind. Papa stellte mich wieder hin. Er und Mack blieben noch eine Weile stehen und redeten. Papa rauchte eine Zigarette. In dem hell beschienenen Garten jagte Shelly Glühwürmchen. Sie lief nicht, sondern sprang langsam mit geschlossenen Füßen. Mir ging auf, daß sie so tat, als spazierte sie auf dem Mond, als wäre sie schwerelos. Der Mond schien so hell, daß sie einen Schatten warf. Daran erinnere ich mich mit Sicherheit. Ich bin versucht zu behaupten, daß sie schön war im Mondlicht, und ich bin sicher, daß das stimmt, aber ich erinnere mich nicht, daß mir das an jenem Abend aufgefallen wäre, es ist mir nur jetzt ein Bedürfnis, es zu sagen.

Acht, vielleicht neun Monate später fuhren Shelly und ich mit dem Bus von der Schule nach Hause. Es war ein Donnerstag, Mamas freier Tag, in der Zeit um Ostern. Der Kirschbaum in dem Gartenstück zwischen unserer Auffahrt und der der Whites stand in voller, leuchtend weißer Blüte.

Wir konnten es von der Straße her summen hören. Einer von uns guckte in den Briefkasten. Wir sahen uns unser Haus von der Auffahrt her an. Irgendwas stimmte damit nicht, aber wir hatten keine Ahnung, was. Papa war dabei, vier weitere Zimmer anzubauen, und wir hatten uns daran gewöhnt, daß es groß und unfertig aussah. Wir standen in der Auffahrt und glotzten. Schwarze Dachpappe war an die Außenwände des Anbaus genagelt, aber das alte Haus war noch mit weißen Asbestschindeln verkleidet. Papa vollendete erst im Sommer darauf mit ein paar Maurern die Verwandlung in ein »split-level ranch-style« Haus, das eine auffällige Ähnlichkeit mit dem Haus besaß, in dem einst die Bradys wohnen sollten. Ich liebte die Wörter »split-level ranch-style«. Für mich bedeuteten sie »reich«.

Shelly und ich erkannten gleichzeitig, was los war. Auf dem Dach unseres Hauses war eine riesengroße Fernsehantenne gewachsen. Sie glänzte und war so hoch wie ein junger Baum. Sie sah gefährlich aus, als wollte sie beißen, wie eine Gottesanbeterin. Die Antenne begann sich langsam zu drehen, als hätte sie uns bemerkt. Shelly und ich sahen uns rasch mit offenem Mund an, dann starrten wir wieder auf die Antenne. Wir rannten die Auffahrt hoch.

Im Wohnzimmer stand an der Stelle, wo morgens noch der Admiral gestanden hatte, ein prächtiger neuer Farbfernseher der Marke Zenith mit einem 21-Zoll-Bildschirm. Und einem echten Holzgehäuse. Es lief gerade »Gomer Pyle, U.S.M.C.«. Das werde ich nie vergessen. Gomer Pyle und Sergeant Carter waren die ersten beiden Menschen, die ich je im Farbfernsehen sah. Das Olivgrün und Khakibraun ihrer Uniformen blendete mich förmlich. Über ihnen leuchtete der blaue Himmel von California. Der Himmel in California wirkte blauer als der Himmel in North Carolina.

Wir fragten: »Ist das unsrer?«

Mama sagte: »Ich bring euren Vater um.« Er hatte den Fernseher bestellt, ohne ihr etwas davon zu sagen. Morgens waren einfach zwei Männer vom Möbelgeschäft Sterchi mit einem Fernseher auf der Ladefläche bei ihr aufgekreuzt. Sie kletterten aufs Dach und befestigten die Antenne.

Wir fragten: »Können wir ihn behalten?«

Mama sagte: »Das weiß ich nicht.« Aber ich sah, daß sie die Ziffern der Sender, die wir empfangen konnten, auf den Knopf des kleinen Steuerungskastens geschrieben hatte, mit dem man die Antenne ausrichtete. Niemals hätte Mama etwas beschriftet, das sie ins Geschäft zurückbringen wollte.

Der Knopf am Steuerungskasten war wie ein Kompaß eingeteilt. Kanal 3 in Charlotte lag im Osten, Kanal 13 in Asheville lag im Westen. Kanal 7 in Spartanburg und Kanal 4 in Greenville lagen darunter nebeneinander im Süden. Noch Jahre bildeten diese Städte die äußeren Ränder der mir bekannten Welt. Shelly hob die Hand und drehte an dem Knopf. Mama gab ihr einen Klaps auf die Hand. Gomer verschwamm und verflüchtigte sich. Ich sagte: »Mama, sie hat ihn kaputtgemacht.« Als der Knopf wieder stehenblieb, richtete ihn Mama vorsichtig wieder nach Süden aus. Gomer erwachte wieder zum Leben. Ich kann mir nicht vorstellen, daß Jim Nabors jemals in seinem Leben irgendwem schöner erschienen ist als uns in diesem Moment.

Wir mußten uns auf die Couch setzen, und Mama legte die Regeln fest. Mama legte immer Regeln fest, wenn sie verstimmt war. Wir hatten den Fernseher nicht anzufassen. Wir durften ihn weder anstellen noch den Sender wechseln. Unter keinen Umständen durften wir den Steuerungskasten berühren. Der Steuerungskasten sei sehr teuer. Und wenn wir die Knöpfe, mit denen man die Farbe einstellte, auch nur ansähen, würde sie uns das Fell versohlen. Sie hatte den ganzen Nachmittag gebraucht, um die Farbe genau richtig hinzukriegen.

Wir wohnten in einem Bungalow mit versetzten Ebenen, mit zwei Ahornbäumen und einem Rosenbusch im Vordergarten am Rand eines Ortes, der gut hätte Springfield heißen können. Wir hatten einen Farbfernseher. Wir hatten eine Channel-Master-Antenne oben auf unserem Haus, die sich langsam drehte, bis sie elektromagnetische Wellen am Himmel fand und sie unserer Kleinfamilie ins Wohnzimmer holte.

Wir guckten »Hee-Haw« mit Buck Owens und Roy Clark, wir guckten »All in the Family«, die »Mary Tyler Moore Show«, die »Bob Newhart Show«, die »Carol Burnette Show« und »Mannix« mit Mike Connors als Held und Gail Fisher als Peggy. Wir sahen »Gunsmoke« und »Bonanza«, auch noch als Adam weggegangen und Hoss gestorben und Little Joes Haar grau geworden war, wir sahen »Adam-12« und »Kojak«, »McCloud«, »Colombo« und »Hawaii-Five-O«, wir sahen die Quinn-Martin-Produktion »Cannon« und die Quinn-Martin-Produktion »Barnaby Jones« mit der Miss America als einer Hauptdarstellerin und mit Uncle Jed aus »The Beverly Hillbillies«. Papa stellte den neuen Teil des Hauses fertig und zog bald darauf aus. Er mietete einen Trailer in der Stadt und nahm den alten Admiral aus dem Keller mit. Wir guckten »Mutual of Omaha's Wild Kingdom« und »The Wonderful World of Disney«. Nach der Schule guckten wir »Gomer Pyle, U.S.M.C.«, »The Beverly Hillbillies«, »Gilligan's Island« und die »Andy Griffith Show«. Im ersten Stock hatten wir beide ein eigenes Zimmer. Mama ging nicht mehr mit uns in die Kirche.

Freitag abends sahen wir »The Partridge Family«, »The Brady Bunch«, »Room 222«, »The Odd Couple«, und »Love American Style«. Sonnabends kam Papa zu Besuch. Wir guckten »The Little Rascals« mit Fred Kirby, dem singenden Cowboy, und seinem Kumpel Onkel Jim auf Kanal 3. Wir guckten »The Little Rascals« mit Monty Dupuy, dem Wettermann, und seinem Kumpel Doohickey auf Kanal 4. Morgens vor der Schule guckten wir »The Three Stooges« mit Mr. Bill auf Kanal 13. Mr. Bill war allein im Studio. In dem Schuljahr, als Papa auszog, zeigte Mr. Bill anstelle von »The Three Stooges« zu Zeichentrickfilmen verarbeitete biblische Geschichten. In dem Jahr zogen wir wütend zur Schule los.

Nach jedem Besuch von Papa sagte Mama, er wäre dabei, sich zu besinnen. Shelly und ich versuchten uns vorzustellen, wir lebten bei den Bradys, aber uns wurde klar, daß wir nicht zu ihnen paßten. Sie hatten mehr Geld und waren in der Schule beliebter. Sie hatten keinen Südstaaten-Akzent. Eines Sonnabends brachte Papa mir einen Satz Golfschläger mit, die ich mir gewünscht hatte, ohne damit zu rechnen, daß ich sie bekommen würde. Draußen regnete es. Ich ging mit den Schlägern in den Garten und merkte rasch, daß Golf schwerer war, als es im Fernsehen aussah. Ich ging wieder nach drinnen und wischte mit Küchentüchern der Marke Bounty (»the quicker picker upper«) den Dreck und das Wasser von den Schlägern ab. Oben hörte ich Mama sagen: »Glaubst du, er ist blöd?« Ich verteilte die Golfschläger um mich herum auf dem Fußboden. Ich schaltete »Shock Theater« auf Kanal 13 ein und stellte den Fernseher laut.

Shelly war in Bobby Brady verknallt, ich war in Jan verknallt. Jan hatte eine Zahnspange, ich hatte eine Zahnspange. Jan trug eine Brille, ich trug eine Brille. Ihr Papa war Architekt. Unser Papa wohnte in einem Trailer in der Stadt und hatte ein Poster von Wile E. Coyote und dem Road Runner an der Wohnzimmerwand. Coyote hatte den Road Runner fest im Würgegriff. Die Bildunterschrift lautete: »Beep, Beep your ass.« Ich lag nachts im Bett und malte mir aus, ich wäre mit Jan Brady verheiratet, hätte aber nebenbei ein Verhältnis mit Marsha. Ich grübelte darüber nach, wie wir Jan davon erzählen würden, was Marsha und ich danach tun, wohin wir gehen würden. Greg Brady schlug mich zusammen. Ich schüttelte ihm die Hand und sagte, ich hätte es verdient. Alice sprach nicht mehr mit mir. Während dieser Zeit starb Mrs. White. Ich hörte mitten in der Nacht den Krankenwagen. Er klang genau wie in »Emergency«. Ich machte die Tür zu Mamas Zimmer auf, um zu sehen, ob mit ihr alles in Ordnung war. Ihr war es peinlich, daß unser Hund bellte und bellte.

Rhoda verließ die »Mary Tyler Moore Show«. Maude und George Jefferson verließen »All in the Family«, Florida, das Dienstmädchen von Maude, verließ »Maude«. Papa zog wieder ein. Er guckte während des Abendessens die Nachrichten und stellte den Fernseher so laut wie den von Mr. White. Uns war während der Nachrichten das Reden verboten. Das war ein Gesetz. Nach den Nachrichten guckten wir »Rhoda« oder »Maude« oder »Good Times«. Papa beschloß, daß ich das Rasenmähen übernehmen sollte. Wir hatten einen großen Garten. Ich beschloß, daß ich nichts von dem tun wollte, was er sagte. Mr. White heiratete wieder. Die Tochter der neuen Mrs. White starb an Krebs. Die neue Mrs. White grub sämtliche Blumen aus, die die alte

Mrs. White gepflanzt hatte; sie fällte sämtliche Bäume und Büsche einschließlich des Kirschbaums zwischen unseren Auffahrten. Mama sagte, die neue Mrs. White breche ihr das Herz. Mr. White mähte und mähte und mähte ihr Gras, bis der Rasen so samtig war wie ein Golfplatz. Mack und Joan teerten ihre Auffahrt.

Was ich sagen will, ist dies: wir wohnten in einem Bungalow mit versetzten Ebenen, wir hatten einen Zenith-Fernseher im Wohnzimmer und eine Channel-Master-Antenne auf dem Dach. Doch Shelly und ich stritten uns wie Thelma und J.J. in »Good Times«. Ich sehnte mich danach, auf Hawaii zu leben und für Steve McGarrett zu arbeiten. Kein Bösewicht entkam McGarett außer dem chinesischen Meisterspion Wo Fat. Shelly sagte, McGarett würde mich niemals einstellen. Shelly war in allen Dingen auf Papas Seite, ich ergriff Partei für Mama. Wenn Papa Freitag abends von der Arbeit kam, schlich ich nach draußen und durchschnüffelte das Handschuhfach seines Autos. Ich tat so, als hätte ich einen Durchsuchungsbefehl und sei Dan-O auf einer heißen Spur. Shelly verpetzte meine Schnüffeleien bei Papa. Soweit mein Versuch, ein guter Sohn zu sein.

Jeden Sonnabend, bevor er zur Arbeit fuhr, hinterließ mir Papa den Befehl, den Rasen zu mähen, bevor er nach Hause kam. Ich blieb bis zum Mittagessen im Bett. Shelly kam in mein Zimmer und sagte: »Du solltest mal lieber aufstehen.« Ich zeigte ihr den ausgestreckten Mittelfinger. Sie drohte: »Das sag ich.« Ich stand so auf, daß ich die Profi-Ringer auf Kanal 3 gucken konnte. Ich haßte die Bösen. Sie kämpften nicht fair. Sie versteckten Schlagringe in ihren Hosen und schlugen die Guten blutig. Sie gewannen zu oft. Mama brachte mir Sandwiches mit Tomaten und Zwiebeln. Ich konnte auf der einen Seite Mack und auf der anderen

Seite Mr. White ihre Rasen mähen hören. Ich konnte John Harris und Mr. Frady und Mrs. Taylors Tochter Lucille Rasen mähen hören. Lucille wohnte in Charlotte und kam wochenends nach Hause, nur um bei Mrs. Taylor den Rasen zu mähen. Wir hatten den zottigsten Rasen in der ganzen Straße. Nach dem Ringen guckte ich »Game of the Week« auf Kanal 4. Carl Yaztremski von den Boston Red Sox war mein Lieblingsbaseballspieler. Er hatte Unterarme wie Zaunpfähle. Mit ihm legte sich keiner an. Über die Rasenmäher hinweg lauschte ich nach dem Geräusch von Papas Volkswagen. Mama kam ins Wohnzimmer und sagte: »Mein Sohn, vielleicht solltest du einen Teil des Rasens mähen, bevor dein Vater kommt. Du weißt, was sonst passiert.« Ich wußte, was passieren würde. Ich wußte, daß er mich am Ende zwingen würde, den Rasen zu mähen. Ich wußte, daß, wenn ich fertig war, Mack lachend durch die Pinien kommen würde. »Charles«, würde er sagen, »ich schwöre dir, das ist der faulste Kerl, den ich je gesehen habe.« Mack hatte einen Snapper-Comet-Traktormäher, auf dem er thronte wie ein König. Mich juckte es jedesmal, wenn ich ihn darauf sah, einen Stein nach ihm zu werfen. Papa würde den Kopf schütteln und antworten: »Mack, dem würden nicht mal die toten Läuse aus dem Pelz fallen.« Jeden Sonnabend gingen wir abends im Scoggin's Seafood and Steak House essen. Um sieben fing »Hee-Haw« an; um acht kam »All in the Family«.

Und dann waren Shelly und ich auf der High School. Wir sahen »M*A*S*H*« und »Lou Grant«, »Love Boat« und »Fantasy Island«. Wir sahen »Dynasty« und »Dallas«. Opie spielte Richie Cunningham in »Happy Days«. Ben Cartwright tauchte, im schwarzen Bademantel, in »Battlestar Galactica« auf. Die Antennensteuerung ging kaputt, aber keiner kam drauf, sie reparieren zu lassen. Die Antenne blieb in einer fixen Kompromißposition auf dem Dach: wir bekamen fast alle Kanäle einigermaßen herein. Eines Sommers baute Mack in seinem Garten einen Swimming-Pool. Joan legte sich im Bikini am Becken in die Sonne. Im Sommer darauf baute Mack einen Zaun. Das war gegen Ende des siebziger Jahre. Shelly legte sich ohne Licht in ihr Zimmer und hörte »Dark Side of the Moon«. Freitag abends lud sie mich ein, mit ihr und ihren Freunden auszugehen. Ich sagte immer nein. Ich wollte die »Rockford Files« nicht verpassen.

Damals sahen Shelly und ich nach der Schule »The Guiding Light«. Es war unsere Soap. Ich weiß noch, wie Ed Bauers gutaussehende Frau Rita ihn verließ, weil er ihr zu langweilig war. Shelly meinte, ich erinnerte sie an Ed Bauer. Sie trug ihr Haar wie Farah Fawcett Major in »Charlie's Angels«. Nach »The Guiding Light« schaltete ich um zu »Star Trek«. In der Schule konnte ich kaum die Augen aufhalten. Die Hausarbeitsstunde verschlief ich. Tagsüber wurde ich immer bloß lange genug wach, um die Klassenräume zu wechseln und zu Mittag zu essen. Wenn ich nach Hause kam, guckte ich »Star Trek«, als würde es von Gott in unser Haus gebeamt. Ich wollte weder Captain Kirk noch eine andere der Hauptpersonen sein. Ich wollte bloß mitfahren. Ich wollte ein rotes Trikot tragen und durch die langen anonymen Flure des Raumschiffs Enterprise schreiten, während es in den Weltraum enteilte. Eines Tages lief statt »Star Trek« ein »ABC After School Special«. Ich versuchte den Bildschirm einzutreten. Ich hatte Turnschuhe an, deshalb ging die Scheibe nicht entzwei. Shelly versteckte sich im Zimmer von Mama und Papa. Ich sagte: »Hier ist Five-O. Mach auf.« Dann trat ich so zu, daß die Tür aus den Angeln flog.

Unser Hausarzt glaubte, ich litte unter Narkolepsie. Er schickte mich zu einem Neurologen in Charlotte. Mama und Papa fuhren zusammen mit mir hin. In Charlotte legte mir eine EKG-Assistentin Drähte an den Kopf. Ganz oben in der Ecke des Untersuchungszimmers glühte eine kleine, runde, goldgelbe Lampe. Ich betrachtete das Licht und schlief ein. Der Neurologe meinte, das EKG sehe normal aus, aber er würde sich in ein paar Minuten mit uns näher über das Ergebnis unterhalten. Er führte uns in ein privates Wartezimmer. Es war klein und kahl und mit Holz getäfelt. Drinnen standen vier Stühle. Eine Wand bestand zum größten Teil aus einer dunklen Glasscheibe. Ich konnte nicht sehen, was dahinter war. Ich betrachtete unser Spiegelbild. Mama und Papa versuchten so zu tun, als wäre die Scheibe nicht da. Ich sagte: »Pa, wenn wir auf der Ponderosa zurück sind, soll ich dann die Stiere unten auf der großen Weide zusammentreiben?«

Papa sagte: »Was?«

Ich sagte: »Verflucht, Jim, ich bin Arzt.«

Papa sagte: »Was redest du da?«

Mama sagte: »Seid still. Wir werden beobachtet.«

Shelly starb am Morgen des Heiligabends in meinem ersten Collegejahr. Sie hatte Mamas Auto zu Bruch gefahren. An dem Abend blieb ich bis spät auf und sah die vom Papst gehaltene Weihnachtsmesse im Vatikan. Es lief nichts anderes. Papa zog wieder aus. In meinem College brach in der Woche, als »Die Dornenvögel« liefen, fast der Betrieb zusammen. Die Professoren verlegten die Abgabe- und die Prüfungstermine. Im Keller meines Wohnheims schrien fünfundzwanzig Neunzehnjährige den Fernseher an, als die Richard-Chamberlain-Figur der Rachel-Ward-Figur erklärte, er liebe Gott mehr, als er sie liebe. Für Neunzehnjährige war es undenkbar, Gott mehr zu lieben als Rachel Ward. Mein bester Freund, ein Student aus Kenia, überredete mich, von »The Guiding Light« zu »General Hospital« zu wechseln. Das war in der besten Zeit der Serie, als Luke und Scorpio auf der Haunted Star eine Kabine teilten. Laura war totgesagt, aber in seinem Herzen wußte Luke, daß sie noch lebte. Immer wenn er allein war, hörte er Christopher Cross.

Nach Hause zu kommen war seltsam, als geriete ich statt in das von mir erwartete Mayberry nach Mayberry R.F.D. Shelly war nicht mehr da. Papa war nicht mehr da. Die zweite Mrs. White verstarb, und danach zog Mr. White in ein Pflegeheim um. Die Fradys waren weggezogen. John Harris bekam einen Herzinfarkt und reparierte keine Rasenmäher mehr. Mama mähte unseren Rasen selbst mit einem Traktormäher. Zu Burlon Harris ging ich nicht mehr, weil ihm jedesmal die Tränen liefen, wenn er über Shelly zu reden versuchte. Mack und Joan bekamen einen Sohn namens Timmy. Mack und Joan ließen sich scheiden. Mack zog auf eine Farm auf dem Land, Joan zog in die Stadt.

In meinem letzten Collegejahr verliebte sich Papa in Mama und zog wieder ein. Der Zenith-Fernseher gab allmählich den Geist auf. Das Bild zog sich zu einem grünlichen Schlitz zusammen. Es stierte wie ein krankes Auge ins Wohnzimmer, in dem Mama und Papa saßen. Sie drehten das Licht aus, um besser sehen zu können. Ich wurde Zeitungsreporter. Von meinem ersten Weihnachtsgeld kaufte ich mir einen Fernseher, einen 19-Zoll-GE. Von meinem zweiten Weihnachtsgeld kaufte ich Mama und Papa einen. Sie schlossen ihn an das Kabelnetz an. Wenn ich sie donnerstags besuchte, sahen wir die »Cosby Show«, »Family Ties«, »Cheers«, »Night Court« und »Hill Street Blues«. Als NBC »Hill Street Blues« absetzte und statt dessen »L.A. Law« ins Programm nahm, schwor Papa den Programmsendern ab. Jetzt hat er meistens den Discovery Channel laufen, den Mama den »Tier- und Flugzeugsender« nennt. Sie sind jetzt im achtzehnten Jahr ihres neuen gemeinsamen Lebens. Ich hege keinerlei Groll gegen sie. Sie waren, als ich sie am besten kannte, sehr jung.

Zum Beginn meines Aufbaustudiums kehrte ich zu »The Guiding Light« zurück. Ich kannte Ed Bauer länger als die meisten meiner Freunde. Es gefiel mir, jeden Nachmittag zu sehen, wie er versuchte, in Springfield Gutes zu tun. Ich sah mir zweimal die »Andy Griffith Show« an. Ich brauchte Opie nur anzuschauen, um zu sagen, in welchem Jahr die Episode aufgenommen war. Den Golfkrieg sah ich mir auf einem Hocker in einer Bar an.

Irgendwann heiratete ich eine Frau, die in einer Familie aufgewachsen war, in der man nur bei besonderen Gelegenheiten ferngesehen hatte – das Spiel von Billie Jean King gegen Bobby Riggs, die Hochzeit von Diana und Prince Charles. Meine Frau war Theologiestudentin. Sie sehnte sich nicht danach, Ed Bauer kennenzulernen, und ich konnte ihr nicht, ohne lächerlich zu klingen, erklären, warum Ed Bauer mir wichtig war. Im ersten Winter unserer Ehe kauerte ich mich in dem kalten Keller des Hauses, in dem wir zur Miete wohnten, unter eine Decke, um die Olympischen Winterspiele zu sehen. Das war in einer brachliegenden Stahlstadt in der Nähe von Pittsburgh, während der Zeit, als ich überlegte, ob ich von einer Brükke in den Ohio springen sollte. Meine Frau bat die Angehörige des Priesterseminars, für mich zu beten. Ann B. Davis, die Darstellerin von Alice in »The Brady Bunch«, war an dem Seminar tätig. Eines Tages sah ich sie in der Mensa. Sie sah noch fast genauso aus wie damals, als sie Alice gespielt hatte, nur daß ihr Haar weiß geworden war und sie eine kleine Brille mit Goldrand trug. Ich sprach sie nicht an. Ich hatte gehört, daß sie nicht gern über »The Brady Bunch« redete, und mir fiel nichts ein, was ich über die wirkliche Welt, in der wir lebten, zu ihr hätte sagen können. Ich saß in der Mensa und starrte sie so lange wie möglich an, ohne daß es irgendwem auffiel. Ich weiß nicht, ob sie für mich gebetet hat oder nicht, aber mir gefällt der Gedanke, daß sie es tat. Ich hätte ihr gern erzählt, daß ich am Rand einer Kleinstadt, die gut hätte Springfield heißen können, in einem Bungalow mit versetzten Ebenen aufgewachsen war, aber daß darin irgend etwas verkehrtgelaufen war. Ich hätte ihr gern erzählt, daß Alice mir vor Jahren viel bedeutet hatte, daß meine Schwester und ich in Alice etwas gesucht hatten, das wir nicht zu benennen wußten, und durch sie wenigstens im Bild gesehen hatten, wie Liebe aussah. Ich hätte ihr gern erzählt, daß keiner in meiner Familie je laut geworden war, solange der Fernseher lief, daß spät nachts selbst ganz schlechte Fernsehsendungen gereicht hatten, die Stille in meinem Herzen zu übertönen. Ich hätte ihr gern erzählt, daß Ed Bauer und ich noch lebten, daß wir beide immer nur das Ziel gehabt hatten, gut und richtig zu handeln. Ann B. Davis stand auf, ging zum Müll und leerte ihr Tablett in die Tonne. Sie verließ die Mensa und ging hinaus in eine kleine graue Stadt in der Nähe von Pittsburgh. Ich hätte alles darum gegeben, daß sie wirklich Alice gewesen wäre. Daß sie gelächelt hätte, als ob sie mich liebte. Daß sie gesagt hätte: »Nur Mut, Kleiner, wird schon werden.« Und was ich hier zu sagen versuche, ist dies: ich bin in einem Bungalow mit versetzten Ebenen aufgewachsen, am Rand einer Kleinstadt, die überall hätte sein können. Ich bin vor dem Fernseher aufgewachsen. Ich hätte ihr geglaubt.

Die Diele

Die Geschichte geht so: Meine Schwester kam zornig auf die Welt. Als Neugeborenes litt sie an Koliken und schrie die ersten sechs Wochen durch. Danach schrie sie ohne erkennbaren Grund. Damals lebten wir bei meinen Großeltern mütterlicherseits in North Carolina. Mein Vater war als Zeitsoldat im technischen Dienst bei der Air Force viel auf Reisen, weil er im Westen des Landes Radarsysteme installierte. Mama wollte nicht mit zwei kleinen Wickelkindern allein in einer häßlichen Wohnsiedlung in Texas leben. Sie und Granny Ledbetter wechselten sich im Schichtdienst ab. Shelly machte sie beide fertig. Paw-paw konnte es nicht ertragen, einen Säugling schreien zu hören. Er war weichherzig und nervös. Er lief rauchend auf und ab oder saß rauchend auf der Veranda in seinem Schaukelstuhl. Shelly schrie und schrie. Ich war der einzige im Haus, der ungestört schlief. Ich war fünfzehn Monate alt und hatte mein Leben bislang in kleinen Häusern unter den Anflugschneisen verschiedener Luftwaffenstützpunkte verbracht. Shelly war bei der Geburt dunkelhäutig mit schwarzem Haar und dunklen Augen, doch als Papa seine Zeit abgedient hatte, war sie hellhäutig und blond und blauäugig. Er erkannte sie nicht wieder. Sie schrie, als er sie auf den Arm nahm. Alle waren einhellig der Meinung, daß Shelly schrie, weil sie wütend war, aber sie kamen nicht dahinter, was sie wütend machte. Angeblich war das einzige, was sie morgens dazu brachte, eine Weile mit dem Schreien aufzuhören, das Geräusch von Großvaters Schritten in der Diele.

Oder so: Meine Urgroßmutter verbannte meinen Urgroßvater aus dem Ehebett, nachdem mein Großvater geboren war. Mein Urgroßvater Bill Ledbetter schlief in der Diele in der Nähe der Haustür, neben der Treppe zum Obergeschoß. Die Diele war ungeheizt, so daß er im Winter unter einem großen Haufen Steppdecken schlief. Im Sommer schlief er bei geöffneter Vorder- und Hintertür und lag behaglich in der Brise, die nachts zwischen den Türen durch das Haus zog.

Eines Abends im Zweiten Weltkrieg erschien ein Bibelvertreter an der Tür. Das Haus lag nicht in der Nähe eines Ortes, die Straße dahin war nicht gepflastert. Ganze Tage vergingen, ohne daß ein Auto vorbeikam. Der Bibelvertreter wirkte, als hätte er sich völlig verirrt. Er plagte sich mit einem schweren schwarzen Koffer ab. Er war zu Fuß unterwegs und sprach kein Englisch. Es war kurz vor Sonnenuntergang. Er gestikulierte und versuchte es ein ums andere Mal mit seltsam klingenden Wörtern. Er schaute von einem verständnislosen Gesicht zum anderen. Meine Familie hatte noch nie jemanden eine fremde Sprache sprechen hören. Sie konnten nicht erkennen, um welche Sprache es sich handelte. Mithilfe von Handzeichen bot Bill Ledbetter dem Bibelvertreter ein Bett für die Nacht an. Das waren noch andere Zeiten. Er zeigte dem Bibelvertreter ein Zimmer im Obergeschoß. Er bedeutete dem Bibelvertreter, den Koffer zu öffnen. Bill Ledbetter sah hinein und nickte, als er die Bibeln darin sah, nahm die Lampe und begab sich wieder nach unten.

Nachts konnte der Bibelvertreter nicht schlafen. Er marschierte in seinem Zimmer auf und ab, von einer Seite zur andern, die ganze Nacht hindurch. Unten lauschte die ganze Familie. Meine Mutter war ein kleines Mädchen. Sie kletterte zu meinen Großeltern ins Bett. Mein Onkel Tom kroch zu meiner Urgroßmutter. (Meine Tante Barbara war noch nicht geboren.) Alle lagen reglos im Dunkeln und starrten wie gebannt nach oben, während der Bibelvertreter über ihren Köpfen auf und ab lief. Bill Ledbetter stand ganz leise aus seinem Bett auf und holte seine Schrotflinte von der Flurgarderobe. Er legte sie neben sich ins Bett. Er deckte sie mit dem Laken zu und lag wach in der Diele und lauschte.

Bill Ledbetter ließ sich das Haus 1917 von dem Zimmermann Guilford Nanney bauen, in der Straßengabelung am Hügel ein Stück unterhalb der Baptistenkirche von Rock Springs. Es liegt auf einer Hochlandfarm, auf einem von fernen Bergen umringten Hügelkamm. Das Haus ist weiß, auf drei Seiten von einer Veranda umgeben. Das steile Dach ist mit rotem Blech gedeckt und durch die Gaubenfenster des Obergeschosses unterbrochen. Die Diele ist einundvierzig Fuß lang und gut sechs Fuß breit. Die Decke ist neun Fuß und zwei Inches hoch. Wände und Decke sind aus unbehandeltem, durch Nut und Feder verfugtem Pinienkern, der mit den Jahren rötlich nachgedunkelt ist. An den Wänden sind Hunderte von kleinen gelben Strichen, wo Pap-paw seine Streichhölzer angerissen hat, um sich seine Zigaretten anzuzünden. Die Striche haben am Ende einen fischhakenähnlichen Schwung nach oben, wo die Streichhölzer Funken schlugen und Paw-paw sie von der Wand zu sich hin zog. Der Fußboden ist aus vier

Zoll dicken Piniendielen, die 1978 mit Teppich ausgelegt wurden.

Wenn man an der Haustür steht und durch die Diele zur Rückseite des Hauses sieht, sind linkerhand die Türen zum Wohnzimmer, zum Eßzimmer und zur Küche zu sehen. Rechterhand sieht man zwei Fenster, die Garderobe, die geschwungene Treppe nach oben, die Türen zur Vorratskammer unter der Treppe und zu zwei Schlafzimmern. Die Schlafzimmer kennt meine Familie als das Vorder- und das Hinterzimmer. Türen und Treppenstufen, Geländer und Gitter sind ebenfalls aus unbehandeltem Pinienholz. Die Türen haben Messingknöpfe, das Geländer ist hell und so glatt, daß man hinunterrutschen kann. Oben liegen drei Zimmer: das große Zimmer, die Gerümpelkammer und Onkel Toms Zimmer. Die Gerümpelkammer ist meiner Großmutter ein Dorn im Auge. Als ihre Kinder jungverheiratet waren, baten sie darum, ein paar Sachen oben lagern zu dürfen, für die sie in ihren kleinen, gemieteten Häusern keinen Platz hatten, und dann wurden diese nie wieder abgeholt.

Bis meine Urgroßmutter Bill Ledbetter zum Mann nahm, hieß sie Sallie Ursula Egerton. Den Egertons, heißt es, wurde einst von einem englischen König ein ansehnliches Stück des westlichen North Carolina geschenkt. Wieviel Land, oder auch nur um welchen König es sich gehandelt hat, weiß allerdings niemand mehr. Man darf bezweifeln, daß die Egertons selbst je über die wahren Ausmaße ihres Besitzes aufgeklärt waren. Sie waren reich wie nur Leute in einer neuen Welt reich sein können. Ihnen gehörte alles, so weit das Auge reichte. Ihnen gehörten die Berge in der Ferne. Doch dann vergingen viele Generationen. Die Egertons heirateten in der Gegend. Es gab sonst niemand zum Heiraten. Sie vergaßen nach und nach, woher sie stammten. Sie begannen sich als Caroliner zu fühlen, dann als Amerikaner und dann als Konföderierte. Sie teilten ihr Land untereinander auf und unter den Burschen aus den Bergen, die ihre Töchter heirateten, und teilten es immer wieder. Im Lauf von zweihundert Jahren verwandelte North Carolina sie aus englischem Adel in Bauersleute mit aufrechtem Gang. Ihre Würde blieb intakt, aber die Familie an sich faßte nicht gut Fuß. Ihre Zahl vermehrte sich über die Zeit nicht, und ihr Vermögen schrumpfte. Sie begann auszusterben.

Als wir bei Granny und Paw-paw wohnten, stellte meine Mutter mein Laufgitter in die Diele, auf den Platz, wo früher Bill Ledbetters Bett gestanden hatte, damit ich durch die Haustür nach draußen gucken konnte. Von Zeit zu Zeit blieben Paw-paws Beagles an der Fliegentür stehen und sahen herein. Sie brachten mich zum Lachen. Mama und Granny waren mit Shelly beschäftigt oder ruhten sich für die nächste Schicht aus. Sie konnten mir nicht viel Aufmerksamkeit widmen. Ich saß im Laufgitter, geht die Geschichte, und blätterte in *Reader's Digest*. Ich kaute es nicht durch. Ich riß keine Seiten heraus. Einmal schlief ich mit einem Heft über dem Gesicht ein. *Life*- und *Progressive-Farmer*-Hefte rührte ich nicht an. Fragt mich nicht, warum. Paw-paw fuhr einen alten grünen Lincoln. Mama und Granny erzählen, daß ich nachmittags immer seine bevorstehende Ankunft ankündigte, indem ich brummte wie ein Auto.

Der letzte Egerton, der auf dem Stammsitz der Egertons am Walnut Creek lebte, war der Onkel meiner Urgroßmutter, Tom Egerton. Man sagte, Tom Egerton sei nicht ganz richtig im Kopf. Er blieb unverheiratet und lebte allein in würdiger, verschusselter Verwahrlosung. Seine Hunde und Hühner gingen im Haus aus und ein. Manche Leute glaubten, er halte ein Vermögen versteckt. Seinen Vater hatte man mit »Squire« angesprochen, und auf dem Hügel hinter dem Haus waren die Sklaven der Egertons begraben. Die Leute, die an das Vermögen glaubten, waren von Tom Egertons Lebensweise erbost. Sie versuchten ihn um Geld zu betrügen. Sie empfanden das als ein Recht oder eine Art Abrechnung. Tom Egerton verschenkte das wenige Geld, das er besaß, und bot den Leuten, die kamen, um ihn zu betrügen, Süßkartoffeln an. Die Kartoffeln garte er auf der Glut in seinem Kamin. Seine Weltfremdheit und Exzentrizität war den wenigen Egertons, die noch übrig waren, peinlich. Am Ende seines Lebens mußte Tom Egerton in der Futterkrippe schlafen, damit ihm sein Mais nicht gestohlen wurde. Nach seinem Tod brachen Leute in sein Haus ein, rissen das Wandholz heraus und stemmten die Feuerstelle auf. Meine Urgroßmutter erbte seine Farm. Von da an kannte man sie als Bill Ledbetters Farm. Meine Familie sagt dazu »unten am Fluß«.

Als die Sonne endlich aufging, hatten alle Bewohner des Hauses Angst vor dem Bibelvertreter. Er war die ganze Nacht ohne Unterlaß auf und ab gegangen. Morgens gingen Bill Ledbetter und mein Großvater nicht aus dem Haus an ihre Arbeit. Sallie Ledbetter und meine Großmutter holten meine Mutter und Onkel Tom zu sich in die Küche, und sie mußten still sein. Als der Bibelvertreter nach unten kam, bot ihm Bill Ledbetter Frühstück an. Alles andere verbot ihm sein Anstand. Meine Großmutter briet so schnell sie konnte Eier und kochte Maisgrütze und reichte Schinken und Brötchen dazu. Sie schnitt eine Buttermelone auf, ohne jedoch die Schale zu entfernen.

Bill Ledbetter führte den Bibelvertreter zu einem Platz am Eßzimmertisch. Der Bibelvertreter aß mit den Fingern. Granny brachte ihm das Essen aus der Küche. Er verputzte alles, was sie ihm auf den Teller luden. Er aß eine zweite und dritte Portion. Er vertilgte sämtliche Brötchen im Korb und den gesamten Schinken auf der Platte. Er aß alles, was noch auf dem Tisch übrig war. Meine Familie war es gewohnt, Feldarbeiter zu verköstigen, Männer mit großem Appetit, die den ganzen Tag in der Sonne arbeiteten und zu Hause unter Umständen nicht viel zu essen hatten, aber wie den Bibelvertreter hatten sie noch nie jemand essen sehen. Die Melonenscheiben bewahrte er bis zuletzt auf. Er aß zuerst das süße Fleisch, und dann aß er die Rinden. Bill Ledbetter reichte ihm seine Melonenrinden über den Tisch. Der Bibelvertreter verputzte auch sie noch. Als alles Eßbare verschwunden war, stand er auf, nickte und sprach sie in einer fremden Sprache an. Er nahm seinen großen Koffer und ging den Kamm hinauf davon. Meine Familie blickte ihm die Straße entlang nach, bis er hinter der Kirche verschwand. Dann gingen alle wieder ins Eßzimmer und setzten sich um den Tisch.

Während der langen Nacht in seinem Bett in der Diele hatte Bill Ledbetter sich eine Geschichte zusammengereimt. Der Koffer des Bibelvertreters hatte einen doppelten Boden. Unter dem falschen Boden enthielt der Koffer Bomben und Gewehre. Die fremde Sprache war Deutsch. Bill Ledbetter verfluchte sich dafür, daß er nicht eher dahintergekommen war. Meine Familie saß bis weit in den Vormittag hinein um den Tisch. Die Kühe blieben ungemolken, die Hühner im Stall. Sie starrten auf den Teller, von dem der Bibelvertreter gegessen hatte, wie auf eine Reliquie. Er war so sauber, als hätte ihn ein Hund abgeleckt. Sie sahen einander dankbar an. Sie sagten es nicht, aber sie waren froh, daß sie die Nacht überlebt hatten.

Bill Ledbetter stieg durch seine Heirat auf. Sallie Egerton machte eine gute Partie. Bill Ledbetter war ein riesengroßer, starker Mann. Auf Bildern wirkt sein Gesicht biblisch und scharfgemeißelt wie das von Abraham Lincoln. Als junger Mann hielt er zu Sonnenaufgang und -untergang in der Arbeit inne, legte sich die Zügel seines Zugpferdgespanns um den Hals und schaute. Unter seinen Händen wurden die Felder grün und saftig. Er hatte mit nichts weiter angefangenen als ungeheurer Kraft und unmäßigem Ehrgeiz, und war, als er Sallie Egerton heiratete, bereits ein Mann von Erfolg. Er eröffnete eine Gemischtwarenhandlung. Er kaufte eine zweite Farm am Broad River, mit schwarzem Schwemmboden. Als seine Frau Tom Egertons Farm erbte, arbeitete er jeden Tag so lange, daß er drei Farmen auf einmal bewirtschaften konnte. Er stellte Feldarbeiter zu seiner Hilfe ein, davon etliche Schwarze mit Namen Egerton. Faule Männer konnten für Bill Ledbetter nicht arbeiten. Wenn sie nicht von sich aus gingen, wurden sie von ihm geschaßt. Wenn er hackte oder Baumwolle pflückte, überholte er alle anderen auf dem Feld. Er ließ den Arbeitern Wasser in ihre Reihen bringen, damit sie keine Zeit verloren, indem sie zum Eimer liefen.

In einem Jahr pflanzte er auf dem größten Feld der alten Egertonfarm unten am Fluß Kopfsalat an. Die Leute kamen meilenweit zum Feld geritten, um sich das anzusehen. Damals hatten die wenigsten Farmer überhaupt erst Salat in ihren Gärten. Gemüsefarmen waren etwas völlig Unbekanntes. Die einzigen Feldfrüchte, die man zum Verkauf anbaute, waren süße Kartoffeln und Baumwolle und Tabak. Die Besucher am Feld sahen sich das sorgfältig gehackte Raster aus Salathuckeln an, das sich zum Fluß hinunter erstreckte, und grienten. Sie meinten, Bill Ledbetter würde seine Arbeiter nicht bezahlen können. Doch als der Salat reif war, packte ihn Bill Ledbetter in Kisten, stapelte die Kisten auf der Ladefläche seines Lasters zu einem hohen, wackeligen Turm und beförderte sie über die Berge zum Bauernmarkt in Knoxville. Er verkaufte den Salat für einen Dollar pro Kopf. Die Leute begannen Bill Ledbetters Ansichten sorgfältig zu bedenken. Farmer bauten Kopfsalat an, wenn er Kopfsalat anbaute, und pflanzten Gurken, wenn er Gurken pflanzte. Er wurde in die Schulbehörde gewählt. Er brachte sich Notenlesen bei, besorgte sich eine Stimmgabel und leitete in der Baptistenkirche von Rock Springs das Singen an. Er reiste nach Raleigh, um den Gesetzgebern des Staates mitzuteilen, was er dachte. 1917, auf der Höhe seines Lebens, gab er Guilford Nanney den Auftrag, ihm ein Haus bauen.

Wir Enkelkinder liebten es, durch die Diele hin- und herzurennen, aber Paw-paw und Granny sahen es nicht gern, wenn wir im Haus rannten. Er hatte Angst, daß wir hinfallen und uns weh tun könnten; sie hatte Angst, daß eines von Paw-paws Gewehren zu Boden fallen, losgehen und uns töten könnte. Paw-paw hatte immer Schrotflinten und Gewehre an den Huthaken des Garderobenständers und an den Huthaken an der Wand hängen. Alle Gewehre waren stets geladen. Paw-paw meinte, es gebe keinen Grund, ein Gewehr im Haus zu haben, das nicht geladen sei. Granny meinte, es gebe keinen Grund, ein Gewehr im Haus zu haben, das geladen sei. Das war einer der wenigen Punkte, über die ich sie je habe streiten hören.

Das Hin- und Herlaufen in der Diele war eines der wenigen Dinge, bei denen es uns überhaupt in den Sinn kam, Paw-paw und Granny gegenüber ungehorsam zu sein. Sie legten uns höchst ungern übers Knie und hatten selten Anlaß dazu. Für uns reichte der Gedanke, daß einer von beiden auf uns böse werden könnte, als Abschreckung. Aber die Diele war unsere große Versuchung, eine heikle Linie an der Grenze ihres Wohlwollens. Sie war lang genug, daß man richtig um die Wette laufen konnte. Sie schrie danach, daß wir rannten. Unser Getrampel auf dem Holzboden dröhnte in dem hohen, geschlossenen Raum. Wir wurden zu einer wilden Hammelherde. Die Messingknöpfe an den Türen klapperten, wenn wir vorbeiliefen. Wir machten mehr Lärm als unbedingt nötig. Wir machten einen ganz und gar zufriedenstellenden Radau.

Selbst unmittelbar nach einem Verbot reichte beim Eintreten an der Haustür ein Blick aus den Augenwinkeln, daß wir allesamt losrannten. Was dann geschah, war immer dasselbe. Paw-paw schlug mit den Fingerknöcheln an die Wohnzimmerwand und drohte: »Ich werd euch einen Knoten in den Schwanz drehen«, doch bis dahin waren wir längst am anderen Ende des Hauses, wo uns, wenn wir bremsten, Granny aus der Küche entgegenkam. Sie sagte: »Schluß mit der Rennerei, ihr Trampeltiere, bevor eins der Gewehre runterfällt.«

Guilford Nanney reiste durch das Land und baute hohe Häuser, die er im Kopf vor sich sah. Er war kein Zimmermann, dem man eine Zeichnung vorsetzen konnte, die ein anderer gemacht hatte. Man sagte ihm, wie viele Zimmer man haben wollte, und er baute einem ein Haus. Das war die Vereinbarung. Er duldete keinerlei Einmischung. Die übertriebene Länge der Diele, der extravagante Schwung und der Steilheitsgrad des Dachs entsprangen ausschließlich seiner Vorstellung. Er wohnte in einer kleinen Bude auf dem Grundstück und nahm morgens, sobald er etwas sehen konnte, die Arbeit auf. Er sägte das gesamte Holz für das Balkenwerk von Bill Ledbetters Haus zu und stapelte es im Garten vor der Baustelle, bevor er den ersten Nagel einschlug. Er arbeitete ohne Zeichnung, aber als er das Haus zusammenbaute, passten alle Teile. Es blieben weder Pfosten noch Dachsparren oder Deckenbalken übrig. Ihm erschien das nicht bemerkenswert. Das Dach besteht, ganz gleich aus welchem Winkel gesehen, aus gegeneinander versetzten, aufwärtsstrebenden Dreiecken, die das Auge nach oben lenken wie im Gebirge, wo man bei der Betrachtung unwillkürlich den höchsten Gipfel sucht. Von der Haustür gesehen wirkt die Hintertür am anderen Ende des Hauses so weit entfernt wie der Altar einer Kathedrale. Der obere Treppenabsatz springt freischwebend aus der Wand vor und hängt über der Diele, ohne daß die raffinierte Konstruktion oder die Komplexität der dahinterstehenden Idee zu erkennen ist.

Im Sommer rannten meine Cousins und Cousinen und meine Schwester barfuß durch die Diele, und ständig blieb einer von ihnen jammernd und hinkend mit einem langen gezackten Splitter in der Hacke oder im Zeh stehen.

Granny holte den Verletzten zu sich in die Küche und setzte ihn auf einen Holzstuhl. Sie attackierte den Splitter mit einer in Alkohol sterilisierten Nadel. Der Verletzte schrie und strampelte, Granny drohte und schimpfte und redete ihm gut zu. Sie schwor, wenn der Lärm nicht aufhörte, werde gleich einer was hinter die Löffel kriegen, sie drohte, sie werde mit einem Stock auf die ganze Bande losgehen, wenn wir ihr nicht aus dem Licht gingen, damit sie etwas sehen könne.

Wenn der Splitter herauskam, spießte sie ihn auf die Nadel und überreichte ihn dem weinenden Kind zur Inspektion. Die Wunde bestrich sie mit rotem, nicht brennendem Quecksilberchrom oder orangerotem, brennendem Methylat. Wenn sie Methylat nahm, saugten wir alle die Luft ein und beobachteten das Gesicht des Verletzten. Dieser humpelte mit der Nadel durch die Diele, um Paw-paw den Splitter zu zeigen. Wir anderen folgten ihm, mittlerweile mit leisen, abfälligen Bemerkungen über die Wehleidigkeit des Verletzten. Paw-paw nahm den Verletzten auf den Schoß und tätschelte ihm oder ihr das Bein und tat so, als könnte er den Splitter nicht sehen, weil er so klein sei. Er sah sich den roten oder orangeroten Fleck an der Fußsohle des Kindes an und sagte, die Wunde werde bestimmt bald heilen. Wir anderen versammelten uns um Paw-paws Sessel und lehnten uns an. Er roch nach Rasiercreme und Vitalis. Insgeheim wünschte jeder von uns, wir hätten das Glück gehabt, uns so böse zu verletzen.

Man erzählt, Bill Ledbetter sei, während er zusah, wie die hohen Spitzen seines Dachgerüsts emporwuchsen, erschüttert gewesen, in welchen Mengen Guilford Nanney Holz verbaute. Bill Ledbetter war jede Maßlosigkeit fremd. Er wollte ein großes Haus haben, aber Verschwendung konnte er nicht billigen. Es ist zwar nicht bekannt, ob er sich Guilford Nanney gegenüber zu dem seiner Ansicht nach verschwenderischen Materialverbrauch äußerte, aber man weiß, daß Guilford Nanney die Baustelle plötzlich verließ, als an den Türen und den Fenstern im Obergeschoß noch Leisten fehlten. Er übernahm die Aufgabe, die erste Treppe zum Gipfel von Chimney Rock zu bauen, einem Berg, der von Bill Ledbetters Garten vor dem Haus zu sehen war. Reiche Männer errichteten einen Park um den Berg. Keiner weiß, ob Bill Ledbetter sich beklagte, als Guilford Nanney ihn im Stich ließ. Er vollendete die Bauarbeiten einfach selbst. Obwohl Bill Ledbetters Zimmererarbeiten durchaus gerade und ordentlich ausgeführt sind, fällt es nicht schwer, sie zu entdecken. Die einzigen Hammerabdrücke am ganzen Haus stammen von Bill Ledbetter. Oben an der Treppe sieht man deutlich, wo der eine mit der Arbeit aufgehört und der andere sie zu Ende geführt hat.

Sallie Ledbetter war nicht besonders robust, und mit dem Kinderkriegen hatte sie es nicht leicht. Das erste Kind, das sie mit Bill Ledbetter bekam, war ein Mädchen, Clydie Belle. Clydie war von Geburt an schwächlich und wurde nie gesünder. Mit sieben Monaten starb sie an Kolitis. Das zweite Kind, ein Sohn, wurde zu früh geboren und lebte nur eine Stunde. Sie gaben ihm keinen Namen. Ihr drittes und letztes Kind war mein Großvater William Dan. Als Baby war er klein und kränklich, und Sallie Ledbetter sorgte sich um seine Gesundheit. Sie nahm ihn zu sich ins Bett, damit er es warm hatte. Sie befürchtete, daß Bill Ledbetter sich im Schlaf auf das Kleine wälzen könnte, und verbannte ihn in ein anderes Bett.

Als Bill Ledbetter mit seiner Familie in das neue Haus zog, das Guilford Nanney gebaut hatte, stellte er sein Bett in die Diele und schlief die nächsten dreißig Jahre dort. Mein Großvater schlief im Vorderzimmer bei seiner Mutter im Bett, bis er ein hochaufgeschossener, schlaksiger Bengel war. Als Bill Ledbetter endlich dafür sorgte, daß Pawpaw in ein anderes Zimmer umzog, lud Sallie Ledbetter ihn nicht wieder in ihr Bett ein, oder vielleicht wollte er mittlerweile auch nicht mehr. Was diesen Teil der Geschichte betrifft, ist meine Familie sich nicht sicher. Bill Ledbetter schlief nicht wieder mit seiner Frau in einem Zimmer, bis er 1947 als alter Mann an Lungenkrebs erkrankte. Da ließ er sein Bett aus der Diele ins Vorderzimmer räumen, weil ihm durch die Krankheit einfach nicht mehr warm wurde.

Meine Geschichte geht so: Ich reiße die Fliegentür im Vordereingang auf und renne so schnell ich kann los. Das Haus ist das Fenway-Park-Baseballstadion in Boston, und die Diele ist die Strecke zum ersten Mal. Die hinter mir zuschwingende Tür ist ein Wurf, der vom ersten Mal in Richtung Schlagmal saust. Wenn ich die Hintertür erreiche, bevor die Vordertür zuschlägt, bin ich in Sicherheit. Wenn die Vordertür zuerst zuschlägt, scheide ich aus. Ich poltere im vollen Tempo durch die Hintertür, setze mit einem Schritt über die Veranda, springe in den Garten hinunter und renne weiter. Ich bin auf dem Weg zu den nächsten Malen. – An dieser Stelle wurde das Spiel problematisch, eine Frage von Augenmaß und Ehrlichkeit. Die Feder an der Hintertür zog sie zu. Der Wäschepfahl war zu nahe, ließ sich zu leicht rechtzeitig erreichen, um als nächstes Mal zu gelten. Der Holzschuppen war zu weit weg. Es ließ sich nicht rechnerisch bestimmen, ob ich es geschafft hatte oder ausschied. Das mußte ich danach entscheiden, wie weit ich gekommen war, wenn die Tür zuknallte. Manchmal stoppte ich mit einem einzigen enttäuschten Hüpfer, schlug die Hände auf die Schenkel und ging im Schrittempo weiter zum Unterstand. Dann war ich raus. Manchmal klatschte ich einmal in die Hände und ließ mir dann von einem imaginären Mannschaftskameraden zum Glückwunsch die rechte schütteln. *Earley holt einen Punkt! Er ist verdammt schnell geworden! Es hat ein tolles Jahr!* In meiner Phantasie war ich immer im Fernsehen. Ich interviewte mich im Holzschuppen, wo mich niemand vom Haus aus sehen konnte. Ich nahm die Mütze ab und wischte mir mit dem Unterarm die Stirn. Ich sprach in ein Stück Anmachholz. Ich sagte: *»Danke. Ich war heute einfach gut in Form. Ich freu mich, daß ich der Mannschaft nützen konnte.«*

Früher stand im Eßzimmer ein Eckschrank aus dem alten Haus der Egertons. Er wurde von Egerton-Sklaven aus breiten Eichenbrettern gebaut. Er war groß und dunkel und so stabil wie eine Stahlkammer. Als kleines Kind mußte ich mich auf einen Stuhl stellen, um zu sehen, was drin stand. Auf den obersten drei Regalen hatte Paw-paw sein Werkzeug untergebracht. Hinter den breiten Türen verwahrte er dunkle, schwere Zangen und Hämmer und Feilen und alte Kaffeedosen voll Muttern und Bolzen und Schrauben und vereinzelten Schrothülsen. Dort lagen übriggebliebene Bindfadenrollen und verdrehte, nach Öl duftende Lederhandschuhe und geheimnisvolle Maschinenteile von Traktoren und Ballenpressen und Mähdreschern und Lastern neben Ketten und Ersatzzinken aus Kultivatoren und Pflanzmaschinen und Pflügen. Auf den unteren beiden Regalen hatte Granny Tischtücher und Handtücher und Servietten und Waschlappen. Der Schrank roch nach Waschpulver und sauberer, sonnengesteifter Baumwolle – nach Rost, Leder und Kreosot. Er roch gleichzeitig nach warmer Scheune und frischen Bettlaken.

Einmal zeigte Paw-paw den Schrank einem Antiquitätenhändler. Der Mann wollte ihn sofort kaufen. Er versuchte noch jahrelang, ihn zu kaufen. Paw-paw verkaufte ihn erst 1978, nachdem er krank geworden war und das Haus anfing, groß und kalt zu wirken. Der Antiquitätenhändler bezahlte fünfhundert Dollar für den Schrank. Von dem Geld legten Paw-paw und Granny die Diele mit Teppich aus. Granny sagt heute, sie wolle den Schrank nicht wiederhaben, und wenn er mittlerweile Tausende von Dollar wert wäre. Sie sagt, sie habe zeitlebens nur dunkle, schwere Möbel gehabt, die hässlich anzusehen waren. Viele von ihnen stammten von den Egertons und waren schon alt, als sie 1933 Dan Ledbetter heiratete und zu ihm ins Haus zog. Sie versteht die neue Leidenschaft für Antiquitäten in den Südstaaten nicht. Sie würde nicht bis zum Briefkasten laufen, wenn man ihr dort einen Lastwagen voll hinstellte. Sie wünscht sich schon ihr Leben lang, die alten Sachen rauszuwerfen und durch neue zu ersetzen. Auch fehlt es ihr nicht im geringsten, die Diele auszufegen. Fünfundvierzig Jahre waren genug. Sie kannte die Maserung des Fußbodens auswendig. Sie hat mehr Besen verschlissen, als ihr zu erinnern lieb ist. Sie empfindet den Teppich immer noch als guten Tausch für den Schrank.

Und so: Granny und Paw-paw schliefen im Vorderzimmer. Paw-paw hatte einen geladenen Revolver Kaliber .38 in einer Zigarrenschachtel im Nachtschrank am Bett. Sonntags nach der Kirche schlich ich oft durch die Diele in ihr Zimmer und sah ihn mir an. Es war ein schwarzer, antiker Smith & Wesson-Revolver. Mir war streng verboten, ihn zu berühren. Eines Sonntags zog ich den Hahn zurück und spannte ihn. Dabei spürte ich, wie der Revolver in meiner Hand lebendig wurde. Er fühlte sich so gefährlich an wie eine zusammengerollte Schlange. Ich wagte vor Angst kaum Luft zu holen. Ich war neun oder zehn Jahre alt. Ich wußte nicht, was ich tun sollte. Ich konnte niemanden zu Hilfe rufen, weil ich Ärger bekommen würde. Ich konnte ihn nicht wieder in die Zigarrenschachtel legen, weil er gespannt war.

Ich hatte Angst, den Revolver wieder zu sichern, weil es sein konnte, daß er losging. Im Fernsehen hatte ich hundertfach gesehen, wie Leute Revolver sicherten. Sie hielten den Hahn mit dem Daumen fest und drückten ab, aber das waren Leute wie Marshall Dillon und Mannix und McGarrett und Gil Favor. Wenn mein Daumen vom Hahn rutschte, würde der Revolver losgehen. Der Schuß würde mich töten oder durch eine der Wände gehen. Mir wurde bewusst, wie meine Familie im Haus verteilt war. Mama und Granny kochten in der Küche. Papa saß im Wohnzimmer und las, und Paw-paw saß vorne auf der Veranda und hatte die Füße aufs Geländer gelegt. Wo Shelly war, wußte ich nicht. Es schien keine Richtung zu geben, in die ich gefahrlos zielen konnte. Ich war sicher, daß ich jemanden umbringen würde, und meine Angst durchmischte sich mit Traurigkeit über den bevorstehenden Verlust. Ich stöhnte, ohne es zu wollen, laut auf. Ich betete zu Gott, daß er mir helfen möge. Ich atmete tief ein und schloß die Augen und drückte ab. Der Revolver ging nicht los. Der Hahn bewegte sich unter meinem Daumen, und ich hielt ihn noch einen Moment über dem Schlagbolzen fest. Dann senkte ich ihn langsam in die Ruhestellung. Der Revolver lag wieder tot in meiner Hand.

Ich legte ihn zurück in die Zigarrenschachtel. Ich legte die Zigarrenschachtel wieder in den Nachtschrank. Ich wischte mir die Hände an der Hose ab und ging rückwärts aus dem Zimmer. Ich rannte so schnell ich konnte durch die Diele und zur Hintertür hinaus und sprang von der Veranda in den Garten. Ich war schon fast am Holzschuppen, als die Hintertür zuknallte.

Es ist meiner Großmutter hoch anzurechnen, daß sie bis heute nie schlecht von Sallie Ledbetter geredet hat. Granny hieß mit Mädchennamen Clara Mae Womack. Sie wuchs auf einer kleinen Farm an der Mündung des Walnut Creek in den Green River auf, einige Meilen unterhalb von Tom Egertons Land. Sie heiratete Dan Ledbetter 1933, im Alter von neunzehn Jahren. Er war achtundzwanzig. Sie küßte ihn erst, als sie verlobt waren, und stellte dazu einen Stuhl zwischen sich und ihn, damit er sie nicht umarmen konnte. Sie hatten eigentlich vor, in dem kleinen Haus zu wohnen, das die Ledbetters vor dem Bau des großen Hauses bewohnt hatten, doch Sallie Ledbetter verbot ihrem Sohn auszuziehen. Später ließ sie das alte Haus abreißen.

Das große Haus mit dem roten Dach war zwar als Bill Ledbetter's House bekannt, doch das Sagen darin hatte Sallie Ledbetter. Als Clara Mae Ledbetter einzog, gab ihre Schwiegermutter ein für allemal das Kochen auf. Granny bereitete vor Sonnenaufgang das Frühstück zu, kochte zu Mittag eine große Mahlzeit für die Feldarbeiter und abends ein Essen für die Familie. Sie erledigte den überwiegenden Teil des Hausputzes und der Wäsche. Sie hatte kein leichtes Leben. Wenn sie und Paw-paw tagsüber zusammen nach oben gingen, rief Sallie Ledbetter ihre Schwiegertochter wieder nach unten, weil sie die Unschicklichkeit nicht dulden konnte. Sie schimpfte mit beiden, wenn sie allein spazierengingen.

Als mein Onkel Tom auf die Welt kam, bestand Sallie Ledbetter darauf, daß das Neugeborene bei ihr schlief. Das Zimmer, in dem Paw-paw und Granny schliefen, hatte keinen Ofen, und Sallie Ledbetter meinte, das Baby würde in der Kälte krank werden. Für meine Mutter und meine Tante Barbara brachte sie später nicht die gleiche Sorge zum Ausdruck, und sie schliefen von Geburt an bis zu dem Zeitpunkt, als sie heirateten und wegzogen, in ungeheizten Zimmern. Onkel Tom schlief bei Sallie Ledbetter, bis er lang und schlaksig war. Sie erlaubte ihm nicht, Wassermelone zu essen, weil sie glaubte, die Kolitis, an der Clydie gestorben war, sei von Wassermelonen gekommen. Granny konnte sich nicht durchsetzen, weil es nicht ihr Haus war, und Paw-paw lehnte sich grundsätzlich nicht gegen seine Mutter auf. Bill Ledbetter interessierte sich nicht für Frauenangelegenheiten. Innerhalb des Hauses wurde jeder Wunsch Sallie Ledbetters, sobald sie ihn aussprach, zum ehernen Gesetz. Granny hatte keinen, der ihr beistand. Sie konnte den Haushalt nicht führen, wie sie es für richtig hielt, bis Sallie Egerton Ledbetter 1953 das Zeitliche segnete. Auch Sallie Ledbetter starb an Lungenkrebs, obwohl weder sie noch Bill Ledbetter je geraucht hatten.

Ich jagte meine Cousine Janet die Stufen vor dem Haus hinauf. Sie riß kreischend die Tür auf und stürmte hinein. Wir rannten in vollem Tempo weiter durch die Diele. Hinter uns fiel die Fliegentür krachend ins Schloß. Eine Doppelflinte Kaliber 20 rutschte von der obersten Reihe der Huthaken an der Dielenwand und polterte zu Boden. Janet und ich blieben wie angewurzelt stehen. Wir schlichen auf Zehenspitzen durch die Diele zurück und starrten die Flinte an. Sie war nicht losgegangen.

Paw-paw kam aus dem Wohnzimmer gelaufen. Granny kam im Galopp aus der Küche in die Diele. Die niedersausende Flinte hatte die Garderobenbank gespalten. Janet und ich vergingen vor Angst. Wir beteuerten, wir seien es nicht gewesen, wir seien bloß durch die Diele gerannt, und die Flinte sei von alleine runtergefallen. Paw-paws Gesicht lief rot an. Er begann zu zittern. Seine Fäuste hingen geballt an seinen Seiten. Wir sahen ihm an, daß er nicht wußte, was er tun sollte. Janet und ich hielten die Luft an. Wir hatten ihn noch nie so wütend gesehen.

»Verdammt«, sagte Paw-paw.

»Dan!« sagte Granny. Paw-paw fluchte aus Prinzip nicht.

»Verdammt, verdammt, verdammt, verdammt, verdammt«, sagte Paw-paw. Er schien allerdings nun, da er einmal damit angefangen hatte, Gefallen dran zu finden. Er löste den Gürtel aus der Schnalle. Er hatte noch nie einen von uns geschlagen. Für Schläge war Granny zuständig, und sie patschte uns so sanft, daß wir uns manchmal kaum das Lachen verkneifen konnten. Paw-paw zog seinen Gürtel Ruck für Ruck aus den Schlaufen. Janet und ich fingen an zu weinen. Paw-paw war so groß wie ein Riese. »Wie oft habe ich euch gesagt, ihr sollt nicht durch das Haus rennen?« fragte er.

»Bitte, gib uns keine Haue, Paw-paw«, flehten wir.

»Dan Ledbetter«, sagte Granny, »du wirst niemanden verhauen. Du hast Glück gehabt, daß die Flinte nicht losgegangen ist. Wie oft habe ich dir gesagt, du sollst die Gewehre nicht geladen lassen.«

Paw-paw und Granny sahen einander lange an und gingen dann durch die Vordertür und die Treppe hinunter nach draußen an die Seite des Hauses. Janet und ich schlichen auf Zehenspitzen ans Wohnzimmerfenster und spähten hinaus. Wir konnten sie durch die Lücke zwischen den beiden Heizöltanks neben dem Haus streiten sehen, aber das Fenster war zu, so daß wir nicht hören konnten, was sie sagten. Wir hatten sie noch nie streiten sehen, und sie jetzt zu beobachten machte uns angst. Paw-paw hatte seinen Gürtel noch immer in der Hand. Janet meinte später, sie habe gedacht, sie würden sich scheiden lassen.

Paw-paw deutete auf das Haus und sagte erbost etwas zu Granny. Wir konnten erkennen, daß er von uns sprach. Granny deutete auf das Haus und gab eine erboste Antwort. Sie sprach von ihm. Paw-paw wandte sich abrupt von ihr ab und ging davon. Wir rannten zum Fenster an der anderen Seite des Zimmers, um zu sehen, wohin er ging. Er lief raschen Schrittes durch den Vorgarten, setzte sich ins Auto und fuhr los. Granny kam wieder herein und schickte mich ins Hinterzimmer und Janet ins Vorderzimmer. Sie sagte, wenn sie auch nur einen Laut von uns hörte, würde sie uns das Fell versohlen, und wir merkten ihr an, daß sie es ernst meinte. Was Janet gemacht hat, weiß ich nicht, aber ich weinte in das Kissen auf dem Bett im Hinterzimmer. Ich war sicher, daß Paw-paw mich hasste.

Dan Ledbetter wurde zwar so groß wie Bill Ledbetter, aber er erbte weder seines Vaters Kraft noch Zähigkeit. Er war ein Meter neunzig, aber so dünn, daß er wie aus Ersatzteilen zusammengesetzt schien. Auf Fotos wirken seine Beine viel zu lang und grazil, der übrige Körper schlecht getragen, gefährlich hoch über dem Boden. Erst gegen Ende seines Lebens, als er einen kleinen, gleichsam aufgesetzten Spitzbauch entwickelte, wog er zum erstenmal an die siebzig Kilo. Er trug ausschließlich langärmelige Hemden, deren Manschetten er stets am Handgelenk fest zuknöpfte. Und wenn Paw-paw dem physischen Vergleich mit Bill Ledbetter nicht standhielt, so erging es ihm beim Leistungsvergleich nicht besser. Nicht einmal mit dem Traktor arbeitete er an einem Tag so viel weg wie sein Vater in der gleichen Zeit mit einem Pferdegespann. Über den Feldern, in denen er arbeitete, stand die Sonne niemals still.

Bill Ledbetters Kraft war ein Werk der Natur: willkürlich und einzigartig, gleichgültig und grausam wie ein Sturm. Er lebte einsam in seinem prachtvollen Körper. Er verstand keine Schwäche, weil er sie selbst nie kennengelernt hatte, er war blind wie ein Baum für die Strapazen der hinfälligeren Wesen um ihn herum. Wenn er Sonntagmorgens vor der Baptistengemeinde von Rock Springs stand und seine Stimmgabel am Kommunionstisch anschlug und sie sich ans Ohr hielt, erschien es ihm richtig, daß nur er den Ton hören konnte. Deshalb hielt er die Gemeinde noch lange Zeit davon ab, ein Klavier zu kaufen, als diese eigentlich längst zur Anschaffung bereit war.

Sonntagnachmittags setzte sich Bill Ledbetter mit der Stimmgabel in die Verandaecke, die im Schatten lag, und sang sich durch eines der zahllosen baptistischen Gesangbücher, die er aus dem ganzen Land bezog. Um ihn herum blühten, während er sang, die Felder. Er brachte die Lieder als Dank an Gott dar. Seine Familie versammelte sich um ihn und hörte zu, aber sie hörte nur zu: Er bat sie nicht, mit einzustimmen. Er war ein gläubiger Mann, aber sein Verständnis von Gott war allein auf das beschränkt, was er selbst sechs Tage die Woche zwischen Morgen- und Abenddämmerung schaffte, und den zählbaren Lohn für diese Arbeit. Ihm ist nie in den Sinn gekommen, daß andere Männer ihre eigenen Abkommen mit Gott treffen und in anderen Währungen rechnen könnten. Er ist nie auf die Idee gekommen, seinem einzigen Sohn die Dinge beizubringen, die er gelernt hatte.

Daß von Dan Ledbetter erwartet wurde, er müsse sich seinem Vater in Wort und Tat ebenbürtig erweisen, obwohl ihm das nicht gegeben war, war vielleicht die schwerste Last, die mein Großvater zu tragen hatte. Während Bill Ledbetter mit Vergnügen beide Läufe seiner schweren Doppelflinte Kaliber 10 gleichzeitig abfeuerte, war es Paw-paw, nicht anders als den meisten gewöhnlichen Sterblichen, schon unangenehm genug, nur einen Schuß zur Zeit abzugeben. Bei dem einen Mal, als Paw-paw aus beiden Läufen gleichzeitig schoß, wirbelte ihn der Rückstoß einmal im Kreis herum. Er baute nie in seinem Leben eine Feldfrucht an, bevor eine gesicherte Nachfrage für sie bestand. Er hielt seine Ansichten nie für so wichtig, daß er nach Raleigh gefahren wäre, um sie dort vorzubringen. Er kaufte weder neues Land, noch gab er beim Singen in der Kirche den Ton an, noch übernahm er je bei einer Wahl die Funktion des Wahlleiters. Ihm war es nur vergönnt, den allmählichen Verfall von Bill Ledbetters mustergültigen Farmen mit anzusehen. Er wurde ohne eigenes Verschulden zum Maßstab der Legende von Bill Ledbetter, an der die Leute strickten. Und an der wiederum er gemessen wurde.

Eine ganze Zeit später drückte Paw-paw vor dem Haus auf die Hupe. Janet und ich machten unsere Türen auf und spähten vorsichtig in die Diele. Paw-paw fuhr jeden Tag zum Fluß hinunter, um die Kühe zu füttern. Für uns Enkelkinder war das ein beliebter Ausflug. Granny kam mit Paw-paws Mütze und Essensresten in einem Margarinegefäß aus

Plastik aus der Küche. Paw-paw nahm immer Reste für die Katzen mit, die in der Scheune lebten. Ihm strichen die Katzen um die Beine, aber wenn wir sie zu berühren versuchten, liefen sie weg. Granny bedeutete uns, ihr zu folgen, ging durch die Diele und hielt uns die Fliegentür auf. Sie reichte mir die Reste und Paw-paws Mütze. Paw-paw ging nicht gern ohne seine Mütze aus dem Haus. Er war vorhin ohne sie nach draußen gegangen. »Geht ruhig«, sagte Granny. »Er ist euch nicht böse.«

Janet und ich stiegen langsam die Treppe hinunter und gingen durch den Garten zum Auto. Der Motor lief. Paw-paw beobachtete uns durch die Windschutzscheibe. Wir traten ans Auto und blieben stehen. Ich konnte nicht erkennen, ob er böse war oder nicht. Ich hatte Angst, etwas zu sagen. Ich reichte ihm die Mütze durch das Fenster. Er sagte: »Na, ihr Holzköpfe, wollt ihr mit?«

Wir liefen ums Auto, machten die Tür auf und kletterten hinein. Janet rutschte ganz dicht neben Paw-paw. Ich kurbelte das Fenster herunter. Auf dem Weg zum Fluß hielt Paw-paw an Ed Baileys Laden und kaufte uns jedem eine Limonade und eine Tüte M&Ms. Er sagte kein Wort von der Garderobe, weder da noch jemals später. Er ließ die beiden Bankhälften von einem Tischler verleimen. Wenn man die Bank heute inspiziert, kann man nicht sehen, daß sie je zerbrochen war.

Bill Ledbetter traf keine Vorkehrungen für seine Familie nach seinem Tod, außer daß er ihr das Land hinterließ, das er mit den Jahren angekauft hatte. Er glaubte nicht an Versicherungen. Als sein Gemischtwarenladen etliche Jahre vor seinem Tod abbrannte, konnte er ihn nicht wieder aufbauen. Er starb 1947 nach einem langen Aufenthalt im baptistischen Krankenhaus von Winston-Salem und hinterließ einen Stapel Rechnungen, so dick wie eine Lebensgeschichte. Meine Familie mußte feststellen, daß sie zwar reich an Land, aber arm an Geld war. Paw-paw mußte die Farm unten am Fluß verkaufen, um die Arztrechnungen zu bezahlen. In dem ersten Frühling mußte er einen Knecht einstellen, damit der die verbleibenden Ledbetter-Felder am Fluß mit Mais bestellte, weil er sich damit nicht auskannte. Er war zweiundvierzig Jahre alt und hatte sein ganzes Leben auf der Farm gearbeitet, aber sein Vater hatte ihn nie mit wichtigen Aufgaben betraut. Bill Ledbetter hatte sich alle Arbeiten, die Überlegung und Erfahrung verlangten, allein vorbehalten. Auf den Feldern, auf denen Paw-paw in jenem ersten Jahr süße Kartoffeln anbaute, wucherte Aleppo-Hirse, und die Ernte blieb aus.

Jahrelang versuchte ich so hoch zu springen, daß ich in der Diele an die Decke kam. Gemessen an der Langsamkeit, mit der für Kinder die Zeit vergeht, versuchte ich ewig, die Decke zu berühren. Nie erreichte ich mein Ziel, und dann, eines Sonntags, streifte mein Mittelfinger das Holz. Ich war vierzehn und konnte nicht glauben, daß ich es endlich geschafft hatte. Ich sprang noch einmal, um den Sachverhalt zu überprüfen, und wieder streifte mein Mittelfinger das dunkle Pinienholz. Ich hatte eine Schwelle übertreten, für die ich keinen Namen hatte, aber ich verspürte eine tiefe, wenn auch genauso namenlose Befriedigung darüber, daß ich nun auf der anderen Seite angekommen war. Den einen Sonntag hatte ich nicht hoch genug springen können, um an eine neun Fuß zwei Inches hohe Decke zu kommen, und am nächsten Sonntag schaffte ich es. Diese einfache Tatsache wurde in meiner Jugend zu einem konstanten, quantifizierbaren Maß für *irgendwas*. Ich überprüfte es jeden Sonntag auf die Weise, wie ein Meteorologe seine Geräte ablesen mag. Daß ich jedesmal an die Decke kam, wenn ich hochsprang, vermittelte mir einen kleinen, willkommenen Trost, eine kleine Freude.

Es dauerte nicht lange, bis ich die Decke mit immer größeren Teilen der Hand berühren konnte: erst mit zwei Fingern, dann drei, dann vier. Als Shelly im Dezember 1979 verunglückte, konnte ich so hoch springen, daß ich beide Handflächen flach an die Decke legte. Ich überprüfte das Maß unmittelbar nach ihrer Beerdigung, noch mit Anzug und guten Schuhen. Im Juni darauf, kurz vor meinem neunzehnten Geburtstag, starb Paw-paw an einer Herzkrankheit und einem Lungenemphysem. Falls meine Familie es als respektlos empfand, daß ich nach seiner Beerdigung in der Diele hochsprang, während das Haus noch voller Gäste war, so erinnere ich mich nicht, daß es mir jemand gesagt hätte.

Nach Shellys Tod sprang ich weiter in der Diele hoch, betrachtete jedoch die Tatsache, daß ich immer noch mit den Händen an die Decke klatschen konnte, zunehmend schlicht als Beweis für die Ungerechtigkeit Gottes. Ich wollte wissen, warum Shelly gestorben war und ich lebte. Ich verhärtete mich so gegen das Unbeantwortbare, daß die Frage zum Dreh- und Angelpunkt meines Lebens wurde. Mich erfaßte einerseits eine tiefe Reue darüber, daß ich Shelly so oft Anlaß gegeben hatte, ihren lebenslangen Zorn gegen mich zu richten, und andererseits wuchs in mir die Gewißheit, daß er eine Vorahnung gewesen war, für die sie keinen Ausdruck gefunden hatte. Ich hatte erst verstanden, was sie zu sagen versuchte, als es für jede Rettung zu spät war. Obwohl wir uns ohne Zweifel geliebt hatten, hatten wir uns nie wirklich vertragen. Es erschien mir damals und erscheint mir – in dem geheimen Winkel meines Herzens, in dem ich an widervernünftigen Wahrheiten festhalte – immer noch, als wäre Shelly mit dem Wissen auf diese Welt gekommen, daß sie nicht lange hier verweilen werde. Ihr kurzes Leben verging in einem Protestgeheul, das den Leuten, die sie am meisten liebte, unübersetzbar blieb.

Ferner wollte es mir vorkommen, als ob ich durch Shellys Tod irgendwie begünstigt wäre, so als wäre eine Abrechnung zu meinen Gunsten ausgefallen. Ich begann mich für unverwundbar zu halten. Ich glaubte, ich würde ewig leben. Meine Sprünge bekamen etwas Verzweifeltes, Draufgängerisches. Im Wald hinter Grannys Haus sprang ich über den brusthohen Stacheldrahtzaun, der ihr Grundstück von dem der Nachbarn trennte. Mit Anlauf sprang ich über Picknicktische und Sträucher und einmal über einen geparkten MG-Midget. Aus dem Stehen übersprang ich Stühle, Mülltonnen, Couchtische der Länge nach und vier, fünf, sechs Stufen der Treppe in meinem Studentenwohnheim. Was ich beim Springen nicht in Betracht zog, war, was ich mir durch die Landung antat. Ich sprang, als ob meine Unsterblichkeit verbrieft und besiegelt war, ohne zu merken, daß ich jedesmal, wenn meine Füße auf den Boden trafen, körperlich einen entsprechenden Preis zahlte. Mit der Zeit begannen mir Knie und Füße den Dienst zu versagen. Mit fünfundzwanzig mochte ich kaum noch über ein Tennisnetz springen, was mir wenige Jahr zuvor eine absolute Selbstverständlichkeit gewesen wäre. Ich hatte Angst vor dem Schmerz bei der Landung.

Heute tauge ich nicht mehr gut zum Springen. An guten Tagen komme ich mit meinen drei längsten Fingern an die Decke in der Diele. Ohne daß es mir damals klar war, begann ich mit dem ersten Sprung als Kind, die Kurve des unausweichlichen Verlaufs meiner eigenen Sterblichkeit aufzuzeichnen. Inzwischen naht der Tag, da ich gar nicht mehr an die Decke kommen werde. Und obwohl mir klar ist, wie eitel und nutzlos und undankbar es ist, den eigenen Wert ausschließlich an körperlicher Leistung zu messen, graut mir vor diesem Tag. Mein Glaube an die Macht von Sinnbildern grenzt an Aberglauben. Ein Sinnbild war es, das Bill Ledbetter an jenem Morgen Furcht einflößte, als der in seinen Lungen wuchernde Krebs ihn zum erstenmal daran hinderte, morgens aufs Feld zu gehen und sein Tagwerk zu beginnen. Ein Sinnbild war der Fremde draußen im Dunkeln, vor dem mein Großvater sich und seine Familie mit Hilfe der in der Diele aufgereihten Flinten und Büchsen zu schützen suchte, und ein Sinnbild der Freund in seiner linken Brusttasche, der ihn stets begleitete und schließlich sein Tod war. Ein Sinnbild sind die bis heute sichtbaren gelben Schwefelspuren an der Dielenwand. Paw-paw mußte die letzten fünf Jahre seines Lebens im Sitzen schlafen, um Luft zu kriegen. An den Klang seiner Stimme kann ich mich nicht erinnern, aber husten höre ich ihn noch immer. Was uns damals alle in den Nächten wachhielt und immer wieder hinhorchen ließ, war die Bedeutung, die in dem Husten steckte. Wir hatten bei jedem Hustenanfall Angst, daß Paw-paw daran sterben würde, bis es eines Tages wirklich soweit war. Die Sinnbilder seines Lebens wurden Wirklichkeit. Daß ich mich an fast nichts erinnere, was meine Schwester zu mir gesagt hat, ist die Wirklichkeit. Daß Granny siebenundachtzig ist, ist die Wirklichkeit. Wie schön wäre es, wenn ich mit diesen Worten die Diele in ein vollendetes Sinnbild verwandeln könnte, in einen Zauberflur, in dem jeder, der hindurchgeht, wieder zu dem Menschen würde, der er reinsten Herzens sein wollte. Aber in Wirklichkeit ist die Diele schlicht ein Raum von einundvierzig Fuß Länge, neun Fuß und zwei Inches Höhe und gut sechs Fuß Breite, durch den meine Familie seit vierundachtzig Jahren läuft. Von allen Wirklichkeiten, die wir in der Diele versammelt und verwahrt haben, macht mir die folgende am meisten zu schaffen: Geschichten aus dem Leben enden selten so, wie wir es uns wünschen. Sie sind einfach irgendwann zu Ende.

Hirschjagd, 1974

In dem Winter, als ich dreizehn war, durfte ich erst nachmittags um halb fünf, wenn mein Vater von der Arbeit kam, mit der Flinte in den Wald, so daß mir weniger als eine Stunde zum Schießen blieb, bevor es dunkel wurde. Daß es mir unter solch widrigen Umständen gelang, zwölf Eichhörnchen, zwei Kaninchen und eine Wachtel zu erlegen, schien mir damals als Zeichen überragenden Könnens, als Errungenschaft, die alles, was ich bis dahin geleistet hatte, in den Schatten stellte. Mir war noch nicht aufgegangen, daß die Dinge, denen ich den Rest meines Lebens nachjagen würde, nicht im Wald wohnten, und die schiere Begeisterung daran, mit einer geladenen Flinte durch die Bäume zu pirschen, war noch nicht von der Reue getrübt, die mich später jedesmal sofort erfasste, wenn ich sah, wie ein Tier tot zu Boden stürzte oder verletzt davonzukriechen versuchte.

Ich machte mich immer erst auf den Heimweg, wenn es dunkel war, in der kurzen Gnadenfrist zwischen dem letzten Grau und dem Zeitpunkt, zu dem ich gewiß eine Standpauke bekam. Ich streifte, wie ich hoffte, indianergleich durch die Bäume und staunte darüber, wie hell der Wald bei Sternenlicht wirkte. Ich stellte mir vor, daß meine Augen, wenn mich jemand sähe, wie Katzenaugen leuchteten. Wenn ich wieder auf die offene Weide hinaustrat, leuchteten die Fenster unseres Hauses so grell, daß es mir unmöglich schien, daß das Licht nicht von Geräusch begleitet war. Doch erst wenn ich, sorgfältig bemüht, jeden Lichtschein zu meiden, durch den Garten schlich, konnte ich die Stereoanlage meiner Schwester, die Nachrichten im Fernsehen, meine Mutter beim Wassereinlassen in der Küche hören. Bevor ich aus den Schatten trat, klappte ich meine Schrotflinte auf und entnahm die Patrone aus der Kammer. Ich hatte meinen Eltern zu Beginn der Jagdsaison versprochen, die Flinte immer gleich zu entladen, wenn es zum Schießen zu dunkel wurde, aber ich machte es nie. Ungeladen war die Schrotflinte für mich bloß etwas, das mir beim Tragen schwer wurde, sonst nichts. Ich ließ die Patrone in meine Tasche gleiten. Ich hatte keine Lust hineinzugehen. Allein im Wald zu sein war für mich in dem Jahr besser als alles, was ich mir sonst vorstellen konnte. Von der Hintertreppe bellte unser Hund. Ich rief seinen Namen, lief durch die offene Garage und stapfte in die Küche. An manchen Abenden hielt ich ein totes Tier hoch, um es allen zu zeigen, die zufällig in der Küche waren, an manchen Abenden hatte ich keins. Das war der Winter, in dem mein Vater sich endlich bereit erklärte, mich auf eine Hirschjagd mitzunehmen.

Am Morgen des ersten Tages der Jagdsaison weckte er mich, indem er, wie er es angekündigt hatte, meinen Namen ein einziges Mal rief. Ich zog eine lange Unterhose, zwei Paar Jeans und vier bis fünf Paar Socken an. Ich schob meine Füße in die peinlichen, zweifarbigen, glattbesohlten Reißverschlußstiefel, die meine Mutter bei Pic-N-Pay gekauft hatte. Ich war noch keine zehn Minuten aus dem Bett, als wir schon in Vaters VW saßen und auf die steilen, lorbeerbewachsenen Hänge von Green River Cove im Nachbar-County zu ratterten, dem verzauberten Wald, in dem Hirsche lebten. Lange bevor es hell wurde, hockte ich auf einem ungehobelten, zwischen zwei Äste einer Pinie genagelten Brett und spähte in eine schwarze Schlucht, durch die ein Bach zum Lake Adger hinunter gurgelte. Mein Vater ließ mich allein und begab sich auf seinen eigenen Hochsitz. Binnen zehn Minuten hatte ich die Nase voll. Mir war in meinem Leben noch nicht so kalt gewesen. Dann fing es an zu graupeln. Bis der Himmel endlich hell wurde, taten mir die Füße entsetzlich weh. Meine Fingerspitzen schmerzten in den Handschuhen. Und ich mußte furchtbar. Mein Vater hatte mir befohlen, nicht vom Baum zu steigen, bis er wiederkam. Doch ich war sicher, wenn ich nicht hinunterstieg, würde ich lange vor seiner Rückkehr in die Hose machen. Da ich außerdem das Gefühl hatte, vor Kälte sterben zu müssen, wenn ich mich nicht bewegte, kletterte ich hinunter.

Der Hirsch kam aus der Schlucht, während mir meine Hose um die Knöchel hing. In dem schwachen Licht konnte ich der schwarzen Silhouette nicht ansehen, ob es sich um ein männliches oder weibliches Tier handelte, sondern bloß, daß es ein Hirsch war. Ich kniff die Augen zusammen und versuchte zu erkennen, ob er Hörner hatte. Ohne den Kopf zu bewegen, schielte ich nach meiner Flinte, die neben mir am Baum lehnte. Ich fragte mich, ob der Hirsch meinen Hintern sehen konnte. Als ich nach der Flinte griff, machte der Hirsch einen Satz und verschwand geräuschvoll in die Schlucht. Er rannte lange Zeit weiter. Ich blieb hokken und lauschte, bis die Sprünge des davonlaufenden Hirschs mit dem Zischen der Graupelflocken auf den Blättern eins wurden. Dann zog ich die Hose hoch, nahm mein Gewehr und kletterte wieder auf den Baum. Ich blieb nicht lange oben. Mir klapperten die Zähne bald so sehr, daß sie mir weh taten. Ich wußte, daß mein Vater von mir enttäuscht sein würde, aber ich konnte die Kälte nicht mehr aushalten.

Als ich beim Auto ankam, entlud ich meine Flinte, stieg ein und stellte das Radio an. Ich rollte mich auf dem Rücksitz zusammen und zog mir Vaters alten Mantel über den Kopf. Bald war mir wieder wohlig warm. Ich lag mit offenen Augen im Dunkeln unter dem Mantel. Der Graupel kratzte auf dem Dach und tickerte gegen die Fenster, aber er konnte mir nichts anhaben. Ich erinnere mich deutlich, daß »Blue Eyes Crying in the Rain« und »Kung Fu Fighting« im Radio spielten. Beim Zuhören merkte ich, daß ich sämtliche Instrumente an ihrem Klang unterscheiden und, wenn ich wollte, einem einzigen Instrument lauschen konnte, während ich alle anderen ausblendete. Ich hatte das Gefühl, etwas Außerordentliches entdeckt zu haben und das Funktionieren von Musik auf eine Weise zu verstehen, die sich vor mir noch niemandem erschlossen hatte. Selbst »Kung Fu Fighting« erschien mir bedeutsam. Ich erinnere mich nicht, mich jemals glücklicher gefühlt zu haben. Ich begann mir vorzustellen, ja zu wünschen, daß mein Vater nie zurückkehren, der Graupelschauer nie vergehen, das Radio immer weiter spielen würde, damit ich bis in alle Ewigkeit in der Wärme und der Dunkelheit bei der Musik daliegen könnte und nie wieder weg müsste.

Nach einer Weile hörte ich, wie mein Vater die Patronen aus seiner Bockflinte hebelte und wie sie zu Boden purzelten. Als er einstieg, sagte er kein Wort. Er stellte das Radio aus, ließ den VW an und fuhr die alte Holzstraße Richtung Lake Adger zur Schnellstraße hinunter. Ich versuchte an der Richtung, in der das Auto durch die Kurven fuhr, zu erkennen, wo wir waren, mußte mich aber schon bald verloren geben. Wir hätten überallhin unterwegs sein können. Als wir eine Zeitlang gefahren waren, sagte er: »Junge, weißt du es nicht besser, als unter deinen Baum zu scheißen?« Mehr sagte er nicht. Ich verging sogleich vor Scham. Natürlich wußte ich es besser. Hirsche haben einen fast übernatürlich feinen Geruchssinn. Das wußte ich. Was für ein Jäger war ich? Ich war dumm, dumm, dumm, sonst gar nichts. Ich begriff schlagartig, daß ich, ganz gleich wie viele Eichhörnchen ich in dem Winter schoß – selbst wenn ich noch einen Hirsch erlegte –, keinen Deut näher daran war, der Kindheit zu entwachsen, als wenn ich niemals mit einem Gewehr in den Wald gegangen wäre. Ich war ein Kind, und ich würde noch länger Kind sein, als ich in Gedanken aushielt. Ich beschloß, mir den Mantel nicht vom Kopf zu ziehen, vielleicht nie mehr. Ich sagte meinem Vater nichts von dem Hirsch, den ich verschreckt hatte, und bat ihn nie wieder, mich zur Hirschjagd mitzunehmen. Mittlerweile weiß ich, daß er sich nur auf die Hirschjagd bezog und daß ich seine harte Frage, für einen Dreizehnjährigen typisch, auf den Rest meines Lebens übertrug. Ich habe keine Erinnerung mehr daran, wie ich zu Hause ankam und aus dem Auto stieg. Ich habe keine Erinnerung mehr daran, wie ich an dem Abend zu Bett ging oder wieder aufstand oder in die Schule ging. Nach all diesen Jahren kann ich mit Sicherheit nur sagen, daß ich all diese Dinge getan haben muß. Meine Erinnerung an diesen Morgen endet im Auto, irgendwo zwischen dem Lake Adger und daheim. Nach allem, was mir meine Erinnerung sagt, sind wir immer noch irgendwo auf der Straße unterwegs, mein Vater – der durch ein Wunder gerade genausoalt wäre, wie ich es jetzt bin – und hinter ihm unter einem Mantel versteckt der Junge, der unter seinen Baum geschissen hat.

Die Katze soll sterben

Ich möchte gleich zu Anfang betonen: Wir hatten die Katze alle gern. Wir waren uns alle einig, daß sie in jeder Hinsicht eine angenehme, ja bemerkenswerte Katze war. Weder ihr Charakter noch ihre Fähigkeiten spielten eine Rolle bei unserer Entscheidung, sie zu erschießen. Wir sind keine grausamen Menschen.

Unser Entschluß, die Katze zu töten, fiel am dritten Sonntag im Mai, dem Tag, an dem unsere Kirche in North Carolina den Heldengedenktag feiert. Meine Familie saß auf der Veranda vor dem Haus meiner Großmutter beisammen. Wir waren im Gottesdienst gewesen. Wir hatten die Gräber unserer Ahnen und Verwandten mit Topfblumen und hohen Vasen voll Chrysanthemen und Lilien geschmückt. Wir hatten zu Mittag unter den Eichen hinter dem Gemeindesaal von Papptellern gegessen. Wir hatten unsere Sonntagssachen ausgezogen. Einige von uns tranken eisgekühlten Tee. Die Männer hatten ihre Füße aufs Geländer gelegt. Irgendwer fragte: »Granny, wo ist deine Katze?«

Die Katze war auf die übliche Weise in Grannys Haus gekommen: Sie war als eben entwöhntes Kätzchen an der Hintertreppe aufgekreuzt und hatte eifrig miaut, als suchte sie Arbeit. Wenn man über den Hügel kommt, wirkt das hohe weiße Haus in der Straßengabelung, das in nicht allzu weiter Ferne an drei Seiten von hohen Bergen umragt ist, wie ein Ankunftsziel, selbst wenn es nicht das Ziel ist, das man ursprünglich angesteuert hat. Es muß dem Bild des idyllischen Farmhauses, wie es die Amerikaner in ihrem kollektiven Unbewußten mit sich herumtragen, gleichen wie ein Foto: das Haus mit dem freundlichen Farmer, der, teils dem Gemälde von Grant Wood entsprungen, teils Disney-Zwerg, mit Vergnügen jedes ungewollte, am Straßenrand ausgesetzte Haustier aufnimmt, weil die Großmutter, obwohl sie nie wirklich eine Katze haben wollte, stets eine Katze auf dem Hof gehabt hat.

Diese spezielle Katze war ein Clown, ein Komiker, ein unersättlicher Aufmerksamkeitsschinder; es war seltsam, daß sie nicht bei uns herumturnte. Für sie gab es nichts Schöneres, als sich anzuschleichen und Grannys nichtsahnenden Gästen auf die Füße zu springen.

Ich sagte: »Miez, Miez, Miez.«

»Ruf sie bloß nicht«, sagte Tante Barbara.

Mein Vater sagte: »Die Katze kann einen zu Tode nerven.«

»Die Katze ist krank«, sagte Granny. »Sie hat seit Tagen nichts zu sich genommen außer ein bißchen Milch. Ich wünschte, jemand würde ein Gewehr nehmen und sie töten.«

Meine Cousine Marsha und ich fanden die Katze hinten im Garten. Ihre Hüftknochen ragten spitz aus den Flanken, jeder Wirbel war deutlich zu erkennen. Als ich sie hochhob, sah ich das Loch am Hals. Das Fell um das Loch war glatt und naß. In dem Loch erkannte ich flüchtig das durchscheinende Weiß freigelegten Knorpels und unter dem Knorpel eine unerforschliche, klaffende Schwärze. In meiner Erinnerung höre ich in diesem Moment ein ohrenbetäubendes Geräusch, doch in Wirklichkeit ertönte kein Laut, bloß das feuchte Schnurren der Katze in meinen Armen.

»O mein Gott«, sagte Marsha. »Wir müssen mit ihr zum Tierarzt.«

Durch und durch von einer Mission erfüllt, marschierte ich zu Grannys Veranda zurück. »Ein Hund oder so was hat die Katze erwischt«, verkündete ich. »Sie hat ein großes Loch im Hals. Wir bringen sie zum Tierarzt.«

Ich ging zum Telefonieren ins Haus. Granny kam hinterher. Sie fragte: »Wen willst du anrufen?«

»Den Tierarzt.« Der Vater meines besten Freundes in der High School war Tierarzt. Ich nahm es als ein positives Omen, daß ich noch nach so vielen Jahren seine Telefonnummer wußte.

Granny befahl mir, den Hörer wieder aufzulegen. Sie sagte, sie würde der Katze keinen Tierarzt bezahlen. Ich entgegnete, daß ich ihn bezahlen würde. Die Frau des Tierarztes kam ans Telefon. Der Tierarzt war unterwegs. Sie würde ihn, sobald er wiederkam, bitten, zurückzurufen.

»Ich finde, es ist verschwendetes Geld«, sagte Granny.

»Es ist mir egal, was du findest«, sagte ich. Noch nie hatte ich so mit meiner Großmutter gesprochen. Ich verließ das Haus.

Mein Cousin Greg kam mit nach hinten in den Garten. Greg ist Marshas Bruder. »Hier wird keiner die Katze zum Tierarzt bringen, wenn Granny es nicht will«, sagte er.

Ich sagte: »Mir ist es egal, was Granny will.«

»Dies ist Grannys Haus, und es ist ihre Katze«, sagte Greg. »Wir werden das tun, was sie will. Was meinst du, wie sie sich fühlen würde, wenn wir ihr sagten, daß sie keine eigenen Entscheidungen mehr treffen kann?«

»So hatte ich das noch nicht gesehen«, sagte ich.

Greg ist mit einigen Jahren Abstand der jüngste meiner Cousins, aber er ist oft klug. In meinem Kopf begann sich die Vorstellung davon, was man am besten tun sollte, zu wandeln. Er sah sich das Loch im Nacken der Katze genau an. »Da sind Maden drin«, sagte er. »Der Tierarzt könnte sie wahrscheinlich sowieso nicht retten.«

»Ja, dann«, sagte ich. »Das wars dann wohl.«

Ich ging durch die Hintertür nach drinnen und rief die Frau des Tierarztes an. Ich sagte ihr, daß ich nicht mit der Katze vorbeikommen würde. Ich ging durch die Diele ins Hinterzimmer und holte die Pistole aus der Zigarrenschachtel im Nachtschrank.

Marsha erschien in der Tür. »Was machst du da?«

Ich gab keine Antwort. Ich nahm die Pistole aus der Schachtel und steckte sie mir in die Tasche meiner kurzen Hose.

»Ich kann nicht glauben, daß du das tust«, sagte Marsha. Sie ist Krankenschwester, von Beruf und Temperament. Sich um Kranke zu kümmern ist für Marsha ein tief verwurzelter Reflex. Sie ist mitfühlend bis in die Knochen.

»Die Wunde ist voll Maden, Marsha«, sagte ich. »Der Tierarzt könnte sie wahrscheinlich sowieso nicht retten.«

»Das kannst du nicht wissen«, sagte Marsha. »Man geht nicht einfach los und erschießt ein Tier, bloß weil ein größeres es erwischt hat.«

Greg und ich gingen den alten Weg hoch, der über die Weide zur Scheune führte. Greg trug eine Schaufel über der Schulter. Ich trug die Katze. Die Pistole ruhte in meiner Tasche. Wir gingen am Hundezwinger und am Schweinepferch und an den drei Apfelbäumen zwischen dem Schweinepferch und der Scheune vorbei, die sämtlich von rankendem Giftsumach überwuchert waren. Sogar die Scheune hatte der Giftsumach in den letzten Jahren erobert. Grannys Hof ist schon lange keine Farm mehr. Greg und ich gingen auf dem schmalen Pfad, der in der Mitte des Feldwegs noch geblieben war. Die offene Heubodenluke klaffte schwarz zwischen den saftig grünen Ranken. Ich sagte: »Allmählich wird der ganze Hof von Giftsumach übernommen.«

»Ja«, sagte Greg. »Wir sollten irgendwann mal herkommen und spritzen.«

Wir gingen an der Scheune vorbei bis zu der Stelle, wo der Weg in den Frühlingswald verschwand. Ich sagte: »Ich denk, eh wir lange suchen, können wirs auch hier machen.«

»Hast recht«, sagte Greg.

Ich legte die Katze mit dem Gesicht von mir abgewandt auf die Erde. Ich holte die uralte .38er aus der Tasche. Unser Großvater hatte sie vor vielen Jahren gegen ein anderes Gewehr eingetauscht. Ich richtete den Lauf auf den Kopf der Katze. Ich stellte mir vor, wie der Kopf sich gleich verformen würde, wenn die Kugel eindrang, wie die Katze einmal zuckte und verschied. Ich drückte ab.

Als der Schuß losging, zeigte die Katze eine übertriebene, verzögerte Reaktion, die unter anderen Umständen vielleicht zum Lachen gewesen wäre, zum Beispiel in einem alten Tom-und-Jerry-Streifen. Sie drehte sich um und starrte einen Moment zu mir hinauf. Dann machte sie einen Satz und rannte in den Giftsumach. Ich hielt die Pistole immer noch auf einen jetzt leeren Fleck auf der Erde gezielt.

»Ich glaube, du hast nicht getroffen«, sagte Greg.

Ich schlüpfte leise in das Hinterzimmer und legte die Pistole wieder in die Zigarrenschachtel. Marsha saß auf dem Bett. »Hast du sie getötet?«

»Nein«, sagte ich. »Ich hab danebengeschossen.«

»Ich hab bei der Polizei angerufen«, sagte sie. »Ich könnte dich verhaften lassen. Tierquälerei. Ich muß nur noch mal anrufen und sagen, daß ich eine Anzeige unterschreiben will.«

Ich war entschlossen, die Katze zu töten. Ich wühlte oben im Haus herum, bis ich die einzige Schrotflinte fand, die Granny noch im Haus hatte. Es war die alte einschüssige Jagdflinte Kaliber 20 von Onkel Roland mit dem ungewöhnlich langen Lauf, die in unserer Familie dafür berühmt war, daß sie einmal unerwartet losgegangen war. Nur Grannys Onkel Roland hatte den Mut gehabt, mir ihr zu schießen. Unten in der Garderobe fand ich in einer alten Schachtel eine Handvoll ausgeblichener Patronen und schob sie in die Tasche. Dann trat ich hinaus auf die vordere Veranda. Meine Großmutter sah erst Onkel Rolands Flinte an und dann mich. Sie fragte: »Wo willst du damit hin?«

»Ich hab danebengeschossen«, sagte ich.

»Wie weit warst du weg?« fragte mein Vater.

»Ungefähr zwei Fuß«, sagte ich.

»Na dann«, sagte Granny.

»Die Pistole ist alt, mein Sohn«, sagte mein Vater. »Du kannst von Glück sagen, daß du den Boden getroffen hast.«

»Marsha will mich ins Gefängnis bringen.«

»Wofür?« fragte Tante Barbara.

»Tierquälerei.«

»Dann hat sie bis jetzt noch keinen Grund«, sagte Tante Katherine.

Ich ging wieder zur Scheune. Greg wich beim Anblick von Onkel Rolands Flinte ein paar Schritte zurück. Wir gingen auf dem Feldweg auf und ab und riefen in den Giftsumach: »Miez, Miez, Miez.« Wir schickten Grannys Hund

Rex in den Giftsumach, damit er uns die Katze zujagte. Nichts. Rex kam aus dem Gestrüpp und sprang mich an. Ich hüpfte beiseite und sagte: »Nein, Rex, nein, Rex.« Greg sah sich Onkel Rolands Flinte noch einmal an. Ich beschloß, abermals zum Haus hinunter zu gehen und meine .22er aus dem Auto zu holen. Ich hatte in letzter Zeit ohne großen Erfolg versucht, die Erdhörnchen zu dezimieren, die bei meinem Schwiegervater die Weide unterhöhlten. Im Hintergarten wartete Marsha auf mich. Sie sagte, wenn ich der Katze was antäte, würde sie mich ins Gefängnis bringen. Ich sagte, sie solle mich verdammt noch mal in Ruhe lassen. So hatte ich noch nie mit einem Mitglied meiner Familie geredet. Ich war auf dem schnellsten Weg in die Hölle.

Ich ging um das Haus nach vorne, um zu sehen, ob die Katze heimgekehrt war. Auf der Veranda hatte sie keiner gesehen. Ich wandte mich ab und wollte mit dem Gewehr zur Scheune gehen.

Tante Barbara berührte mich sanft am Arm. »Tony«, sagte sie, »willst du, daß dein Vater und Onkel Lonnie losgehen und die Katze erschießen?«

»Ich bin ein erwachsener Mann«, erwiderte ich, als wäre das eine Antwort auf ihre Frage.

Greg und ich fanden die Katze dann doch nicht. Wir suchten sie fast bis zum Abendessen, noch lange nachdem wir die Hoffnung aufgegeben hatten, sie wieder aus dem Gistsumach hervorkommen zu sehen. Sie kehrte erst zum Haus zurück, als die ganze Gesellschaft abgefahren war. Granny stellte ihr einen Teller Milch hin. Die Katze nippte daran und ging fort.

Mein Vater hat diese Geschichte, wie es scheint, mit dem passenden Ende versehen. Er fuhr am nächsten Morgen bei

Granny vorbei und erschoß die Katze ohne jedes Tamtam. Obwohl ich bis heute nicht weiß, ob diese spezielle Geschichte damit das bestmögliche Ende gefunden hat, bewundere ich seine Schlichtheit, das Fehlen jeglicher modernen Ambiguität. Ich bin weder pragmatisch noch entschieden genug, noch ist es mir irgendwie sonst vergönnt, eine solche Geschichte zu erzählen.

Meine Eltern stammten aus einem Süden, in dem es als große Torheit oder gar regelrecht als Sünde gegolten hätte, für eine sterbende Katze Geld auszugeben. Ich bin, ob man es positiv oder negativ sehen will, in einem vollkommen anderen Süden aufgewachsen. In dem Süden, wie ich ihn kenne, ist die Katze noch immer im Giftsumach. Ich soll und will etwas tun, aber ich bin nicht sicher, was. Ich erzähle ständig jedem, der es hören will, daß ich vom Land stamme, aber im tiefsten Innern weiß ich, daß es eine Lüge ist. Ich bin auf Gilligan's Island großgeworden, in Mayberry, ich weiß nicht, wo. Meine Familie ist vom Land. Sie sitzt auf der Veranda und wartet darauf, was ich wohl tun werde.

Quare: eine besondere genetische Veranlagung

Ich mag keine Wassermelonen, habe sie nie gemocht und rechne nicht damit, daß ich sie je mögen werde. Der Ordnung halber sei festgehalten, daß ich dies als eine individuelle Geschmacksentscheidung empfinde, die weder politisch motiviert noch ein Zeichen von Charakterschwäche ist, noch eine Verleugnung meiner Zugehörigkeit zum Süden. Ich mag einfach keine Wassermelonen. Und im übrigen auch weder Maisbrei noch Brombeeren, noch Honigmelonen, Buttermilch, Okra, gebackene Süßkartoffeln, Rhabarber oder Krauskohl. Vor allem keinen Krauskohl. Schon der Anblick von Krauskohl ist mir zuwider. Doch weil ich ein Südstaatler aus North Carolina bin, von appalachischer, schottisch-irischer Abstammung, bäuerlicher Herkunft auf beiden Seiten der Familie, können sich meine Verwandten irgendwie nicht damit abfinden, daß ich keinen Geschmack an den Dingen finde, die sie gern essen. Jedesmal, wenn ich am Tisch meiner Großmutter Ledbetter esse, versuchen sie mich in vollem Ernst davon zu überzeugen, daß ich einen Fehler mache, wenn ich dies oder jenes nicht koste, daß ich nicht weiß, was ich sage, wenn ich nein sage, daß ich den Kohl doch wenigstens probieren, nur ein kleines Stück Wassermelone, einen Bissen Honigmelone nehmen soll, daß ich mich mit der Zeit an die Kerne in Brombeeren, die mehlige Konsistenz von Maisbrei, den fauligen Geruch von zu lange im großen Topf gekochten Kohl gewöhnen würde. Und wenn ich mich weigere, wie ich es mit Leidenschaft und Beharrlichkeit tu, seit ich sprechen kann, sehen sie mich einen Moment mit einem traurigen Zug um den Mund an, als kennten sie mich nicht, und senken dann den Blick auf ihre Teller, als wollten sie ein zweites Tischgebet sprechen. Und schließlich sagt meine Großmutter: »Tony Earley. Du bist einfach komisch.«

Das Wort für »komisch« in ihrer Sprache lautet »quare« – gesprochen kweer. Meiner Ausgabe des *Shorter Oxford English Dictionary* zufolge ist »quare« ein anglo-irisches Adjektiv aus dem frühen neunzehnten Jahrhundert mit der Bedeutung »wunderlich, sonderbar, exzentrisch, komisch« oder »verquer«. Die meisten Wörterbücher fügen, sofern sie das Wort überhaupt aufgenommen haben, erläuternd hinzu, es sei eine Ableitung von »queer«, mundartlich, archaisch oder obsolet, ein Anachronismus, am lautstarken Chor der englischen Sprache nur mehr als marginales, veraltendes Element beteiligt. Wenn es allerdings am Tisch meiner Großmutter ausgesprochen wird, von meinen Eltern und Tanten und Onkeln und Cousins und Cousinen, hat »quare« überhaupt nichts Archaisches, sondern kommt so gegenwärtig daher wie der Atem, mit dem es ausgestoßen wird, und seine Bedeutung ist so scharf wie ein angespitzter Stock. Für uns enthält das Wort »quare« eine präzise Bedeutung, die nicht von Wörtern wie »queer«, »strange«, »eccentric«, »odd«, »unusual«, »unconventional« oder »suspicious« abgedeckt wird. Das einzige Adjektiv in unserem Lexikon, das als Synonym dienen könnte, wäre »squirrelly«, dessen Bedeutung eher zu »spinnig« oder »meschugge« hin tendiert. Aber wir sind eine Sippe, die sich gut versteht, und fänden es unhöflich, uns gegenseitig meschugge zu nennen. Deshalb sagen wir im Haus meiner Großmutter, wenn wir das Wort »quare« brauchen, ganz einfach »quare«.

Dieses »quare« ist beileibe nicht das einzige Wort, das in der Verborgenheit des großmütterlichen Eßzimmers weiterlebt, obwohl es in den Wörterbüchern längst totgesagt ist. Angenommen, ich brächte zum sonntäglichen Mittagessen bei meiner Großmutter jemanden mit, der ebenfalls komisch ist, »quare«, und er äße etwas, das ihm nicht bekäme. Dann würden wir, um zu sagen, daß er ein bisschen grün um die Nase aussieht, das Wort »peaked« benutzen, mit der Betonung auf der zweiten Silbe, also peakéd. Natürlich könnten wir beschließen, daß seine Blässe nicht daher rührt, daß er etwas gegessen hat, was ihm nicht bekommen ist, sondern daher, daß er bei etwas, das ihm durchaus mundet, zu reichlich zugelangt hat. Das würden wir mit dem alten Wort »to eat a bait« ausdrücken und wahrscheinlich hinzufügen, er sei wohl »just too trifling«, bloß zu bequem, um sich vom Tisch zu erheben, und habe überhaupt fast alles allein aufgegessen. Nun haben wir diesen komischen, käsebleichen, bequemen Menschen im Haus. Was machen wir, um ihn wieder loszuwerden? Boxen wir ihn in den Bauch oder hauen wir ihm mit einem Stock eins über die Rübe? Wobei wir für boxen das Wort »job« und für den Stock »stob« benutzen würden. Nein, so etwas tun wir nicht. Wir würden nur sagen: »Brother, you liked to have stayed too long«, ihm den Nachtisch in eine Tüte packen und ihn zur Tür geleiten.

Als Kind habe ich diese Wörter als selbstverständlich hingenommen. Sie gehörten einfach zur Sprache, die ich in der Luft um mich herum hörte und mit einatmete. Ich wußte, daß ich nicht mit einem spitzen Gegenstand in der Hand rennen durfte, weil ich mir sonst ein Auge ausstechen konnte – »job my eye out«. Hätte mir jemand diesen Sachverhalt mit dem Wort »jab« statt »job« erklärt, wäre mir das so fremd erschienen wie Französisch. Großmutters Tisch war der Mittelpunkt der Welt. Erst als ich diesem Mittelpunkt zu entwachsen begann, merkte ich, daß die Sprache meiner Familie nicht die Sprache war, die in der Welt ringsum gesprochen wurde. Auf der Grundschule in Rutherfordton schämte ich mich, wenn meine Klassenkameraden mich verbesserten, doch als ich auf dem College in einem Seminar am Lehrstuhl für Appalachian Studies erfuhr, daß meine Familie einen Dialekt sprach, überraschte mich das nicht mehr. Ich hatte es bereits seit längerem geargwöhnt und trennte mittlerweile bewußt zwischen zwei Sprachen. In der Familie bediente ich mich der appalachischen Mundart, und überall sonst sprach ich »standard English«. Daß man seine Sprache auf das Publikum zuschneidet – für mich persönlich bis heute eine Sache mit leicht unangenehmem Beigeschmack –, ist für junge Leute aus dieser Region der USA nichts Ungewöhnliches. In weniger großherzigen Segmenten der nationalen Kultur steht der Klang der appalachischen Mundart für Verbohrtheit, Rückständigkeit, Sturheit und in den extremsten Beispielen für Zahnlosigkeit, abgrundtiefe Dummheit und eine erschreckende Vorliebe für buntbemalte, buntbepflanzte Traktorreifen.

Was ich hier vorbringe, ist kein irgendwie geartetes, fehlgeleitetes Plädoyer für die Anerkennung der Ethnizität eines weißen Amerikaners, es ist auch kein radikal linker Aufschrei gegen die patriarchale Unterdrückung der Grammatik, sondern die schlichte Äußerung der Tatsache, daß hochsprachliches Englisch für mich immer etwas von einer Fremdsprache behalten hat. Ich habe sie seit meinem ersten Schuljahr intuitiv richtig geschrieben, aber sie zu sprechen hat für mich bis heute etwas leicht Unnatürliches behalten und braucht gerade so viel bewußte Überlegung, daß ich den Eindruck habe, sie nicht wirklich fließend zu beherrschen. Wenn ich fremden Menschen vorgestellt werde, wenn ich am anglistischen Institut der Vanderbilt University einem Kollegen begegne, der an einer angeseheneren Universität studiert hat, wenn ich zu Parties gehe, bei denen ich nicht genau weiß, welcher Platz mir in der sozialen Hackordnung des Abends zukommt, ertappe ich mich dabei, wie ich Sätze überprüfe, bevor ich sie ausspreche – ich nehme mir vor, alle Endungen auf -ing deutlich zu artikulieren, versichere mich, daß sich nirgendwo eine doppelte Verneinung einschleicht, verkürze lange Vokale auf farblose mittelwest-amerikanische Dimensionen, sehe zu, daß ich »lay« und »lie« so klar unterscheide, daß mein Schwiegervater, ein Lehrer aus California, nicht peinlich berührt wäre. Ich bemühe mich, bewußt wie unbewußt und mit wechselndem Erfolg, Wörter appalachischen Ursprungs aus meinem öffentlichen Vokabular zu streichen, damit mein Gegenüber nicht auf die Idee kommt, ich wäre dumm. Sogar meine Frau, deren Südstaaten-Akzent wesentlich gehobener ist als meiner, dreht sich manchmal lächelnd zu mir um fragt: »Was hast du eben gesagt?« Dann geht mir auf, daß ich einen linguistischen Fauxpas begangen habe, daß ich versehentlich in die Sprache meines Volkes abgerutscht bin, daß meine Sprache unbeabsichtigt »apart« geworden ist. Und die Folge ist, daß ich den zuletzt geäußerten Satz im Kopf zurückspule, um ihn als Beispiel dafür zu konservieren, wie man nicht mit Fremden spricht, und zurückfrage: »Was meinst denn du, was ich gesagt habe?« Nur in der Sicherheit von Grannys Haus kommt mir meine Muttersprache mit so etwas wie innerer Ruhe über die Lippen.

Ich begann, über die Sprache, die ich als Kind gelernt hatte, im Vergleich zu der Sprache, die ich heute spreche, nachzudenken, nachdem ich Horace Kepharts *Our Southern Highlanders* gelesen hatte. Kephart war ein Bibliothekar, der nebenbei schrieb und nach einem Nervenzusammenbruch Frau und Kinder verließ, um sich in die Berge in der Gegend von Bryson City in North Carolina zurückzuziehen. Obwohl der Sinn seines Umzugs ursprünglich war, sich allem menschlichen Kontakt zu entziehen, erholte er sich bald so weit, daß er ein aktives Interesse an der Welt entwickelte, in die er geraten war. Der leidenschaftliche Sammler von Informationen und zwanghafte Listenmacher brachte den Rest seines Lebens damit zu, umfängliche Tagebücher zu verfassen und detaillierte Aufzeichnungen über die Geographie, Geschichte, Kultur und Sprache der südlichen Appalachen zu machen, aus denen schließlich eine Vielzahl von Zeitschriftenartikeln und zwei Ausgaben von *Our Southern Highlanders* entstanden.

Kepharts Wahl war eigentlich nur deshalb auf die Appalachen gefallen und nicht auf die Wüste von New Mexico oder Arizona, weil die Berge die nächstgelegene Wildnis boten, doch der Zufall wollte es, daß es ihn zu einer Zeit in den Westen North Carolinas verschlug, die geradezu ideal auf einen Mann seiner Begabung zugeschnitten war. Er fand in den straßenlosen Tälern der Blue Ridge und der

Smoky Mountains Menschen vor, die noch beinahe genauso lebten wie ihre Vorfahren in der zweiten Hälfte des achtzehnten Jahrhunderts, als sich im Zuge der großen schottisch-irischen Umsiedlungswelle von Pennsylvania nach Süden die ersten Nachkömmlinge von Europäern in der Gegend niederließen. Durch die Unwegsamkeit der Gebirge waren die frühen Siedler weitgehend von der Außenwelt abgeschnitten, und auch ihre Nachfahren hatten eineinhalb Jahrhunderte hindurch kaum Kontakt mit der Kultur der weiteren Umgebung ringsum. So schreibt Kephart:

> Niemand wird die Einstellung unserer Gebirgsbewohner zum Rest der Welt verstehen, bis er sich das erstaunliche Maß ihrer Isolation von allem verdeutlicht, was jenseits der blauen, dunstigen Silhouette ihrer Berge liegt. Man stelle sich eine Gruppe von Emigranten vor, die sich nach einem Schiffbruch auf eine unbekannte Insel abseits der regelmäßig befahrenen Schiffsrouten retten und fünf oder sechs Generationen lang im Guten wie im Schlechten von der Entwicklung der Zivilisation verschont bleiben. Bei den Nachkommen einer solchen Gesellschaft würden wir damit rechnen, Sitten und Vorstellungen aus der Zeit ihrer Ahnen unverändert vorzufinden ... Die Gebirgsbewohner leben noch immer im achtzehnten Jahrhundert. Der Fortschritt der Menschheit von der damaligen bis in die heutige Zeit ist nicht in ihre Kultur vorgedrungen.

Kephart besaß ein besonderes Interesse an dem englischen Dialekt, den er in North Carolina hörte und von dem er glaubte, daß er Shakespeares Englisch oder Chaucers Mittelenglisch mehr ähnelte als alles, was in den letzten Jahrhunderten in England gesprochen wurde. Da die schottisch-irischen Emigranten so selten mit Menschen von anderswo gesprochen hatten und so wenig fremdem Einfluß ausgesetzt gewesen waren, hatte sich die Sprache, die sie aus Schottland und Irland über Pennsylvania mitgebracht hatten, bemerkenswert unverfälscht erhalten. Wäre Kephart eine Generation später in die Berge gekommen, wären seine Forschungen weit weniger aussagekräftig gewesen. Binnen weniger Jahre nach seinem Tod 1931 begann das Amerika des zwanzigsten Jahrhunderts durch Straßenbauprojekte, das Radio und den Versandhauskatalog von Sears-Roebuck bis in die finstersten Täler der Appalachen vorzudringen. Die damit einsetzende Homogenisierung verwandelte das südliche Hochland in nur wenigen Jahren so grundlegend, daß die 1904 von ihm entdeckte Welt kaum mehr wiederzuerkennen war.

Mittlerweile weiß ich, daß Kepharts Forschungsmethoden an heutigen Standards gemessen primitiv waren und daß er einer der ersten Verbreiter inzwischen suspekt gewordener Verallgemeinerungen über die Appalachen war. Doch damals war *Our Southern Highlanders* eine Offenbarung für mich. Vor meiner Lektüre des Buches wußte ich nur, daß ich immer irgendwie komisch gewesen war, ohne daß mir klar war, warum. Kepharts Buch erklärte mir auf eine mir bis dahin nicht zugängliche Weise, wer ich war, oder zumindest, woher ich war. In dem von ihm erstellten Lexikon der Sprache der südlichen Appalachen waren sämtliche Wörter verzeichnet, die ich für familienspezifisch gehalten hatte. Und sie sind, mit Ausnahme des Wortes »quare«, das bloße zweihundert Jahre alt ist, sämtlich mittelenglischen Ursprungs, das heißt, irgendwo zwischen fünf- und achthundert Jahre alt. Die meisten Menschen, denen ich heute begegne, wüssten nichts mit dem Ausdruck »to eat a bait« anzufangen, aber Chaucer hätte ihn verstanden.

Natürlich ist ein Wort mittelenglischen Ursprungs verglichen mit den Wörtern lateinischer, griechischer oder hebräischer Herkunft, aus denen unsere Sprache zu einem großen Teil gebildet ist, noch recht jung. Die lateinischen und griechischen Wurzeln der Wörter »agriculture« und »barbarian« waren schon alt, bevor die primitiven Stämme der Britischen Inseln sich die Gesichter blau malten und grunzende Laute hervorstießen, die dem Englischen ähnlich waren. Und natürlich ist keine Sprache je ein statisches Gebilde. Die Lebenszyklen der Wörter spiegeln die Lebenszyklen der Individuen wider, die sie benutzen. Daß bestimmte Wörter in Ungnade fallen und von neuen ersetzt werden, entspricht dem natürlichen Gang der Dinge. Jede Sprache wird, läßt man ihr genug Zeit, alle ihre Wörter durch neue ersetzen, genau wie jede Bevölkerung die Alten durch die Jungen ersetzt oder wie der menschliche Körper in sieben Jahren sämtliche Zellen ersetzt. Die selbsternannten Hüter des Englischen, die argumentieren, daß »celibate« nur »unverheiratet« bedeute und nicht etwa »sexuell abstinent«, verschwenden ihre Zeit. »Laute sind zu unbeständig und zu ephemer, als daß sie sich legalen Beschränkungen unterziehen ließen«, schrieb Samuel Johnson 1755 im Vorwort zu seinem Wörterbuch der englischen Sprache. »Silben anketten und den Wind in Fesseln legen zu wollen, wären gleichermaßen eitle Unterfangen.« Weil mir das einleuchtet, trete ich nicht dafür ein, daß die Bewohner des westlichen North Carolina zu ihrem schottisch-irischen Dialekt des achtzehnten Jahrhunderts zurückkehren. Mich beeindruckt weniger das Alter der Wörter der appalachischen Mundart, die im Eßzimmer meiner Großmutter im Gebrauch waren, als die ihnen innewohnende Geschichte.

Für mich liegen in dem Wort »quare« Schiffspassagen und Überlandtrecks, Familien, die nach langen Reisen Station machen und aus irgendeinem von tausenderlei Gründen sagen: »Hier bleiben wir.« Ich höre in ihm Generationen von Farmern, die zusehen, wie sich rote Erde unter Pflugmessern wendet, junge Männer, die in die Furchen treten, wenn die alten Männer aufhören. Ich höre junge Mädchen, frisch den Häusern ihrer Mütter entwachsen, die in Ehebetten kriechen und selbst zu Müttern werden. Das Wort steht für eine weit in die Vergangenheit zurückreichende, größtenteils nicht mehr nachzuzeichnende Chromosomenlinie, die dazu führt, daß ich ausgerechnet zu Füßen dieser Berge das Licht der Welt erblickt habe. Wenn sich uns unsere Geschichte und Kultur durch die Sprache vermittelt, dann fungieren einzelne Wörter gleichsam als Gene, die jeweils ein kleines Stück der spezifischen Information enthalten, die uns zu dem machen, was wir sind, und uns sagen, woher wir kommen. Mein Cousin Greg und ich sind beide im gleichen Alter am gleichen Knie an der gleichen seltenen Knochenkrankheit erkrankt. Für uns ist das Wort »quare« nicht weniger ein genetisches Merkmal unserer Vergangenheit als das seltsame knochenzerfressende Chromosom, das von wer weiß wie vielen humpelnden schottisch-irischen Vorfahren durch die Zeiten weitergereicht wurde.

Soweit ich mich erinnere, war mein Urgroßvater Womack aus der Familie meiner Mutter, als ich das letzte Mal mit ihm sprach, weit über neunzig, und unsere ganze Familie hatte sich in dem Haus versammelt, das er als junger Mann in der Gemeinde Sunny View in Polk County am Walnut Creek gebaut hatte. Wenn ich diese Geschichte erzähle, gehe ich, obwohl ich mich täuschen mag, stets davon aus, sie habe sich an einem Frühlingstag zugetragen, und zwar nur weil ich mir gern vorstelle, in seinem Garten hätten die Narzissen geblüht. Meine Großmutter hat ihm als kleines Mädchen geholfen, sie zu pflanzen. Irgendwann standen alle auf und gingen ins Haus, so daß Paw Womack und ich allein auf der Veranda zurückblieben. Ich war damals im ersten oder zweiten Jahr der High School und ihm gegenüber befangen, weil er so sagenhaft alt war. Er war in einem anderen Jahrhundert geboren. Sein Vater war in Gettysburg verwundet worden. Er war Geschichte. Er hatte seine Farm mit einem Maultier bewirtschaftet, bis er gut über achtzig war. Er hatte nie wieder ein Auto gekauft, nachdem das, was er 1926 gekauft hatte, kaputtgegangen war. Als Pastorensohn hatte er in seinem Leben weder einen Fluch ausgestoßen noch Alkohol gekostet. Er hatte Woodrow Wilson gewählt. Ich hatte irgendwie das Gefühl, von der Familie auserwählt worden zu sein, bei ihm zu sitzen, und glaubte, etwas sagen zu müssen. Ich erhob mich von meinem Stuhl und näherte mich ihm wie einem heiligen Totem. Ich setzte mich vor ihm auf das Geländer und sah ihn an, aber ich hatte keine Ahnung, wie ich anfangen sollte. Ich erinnere mich an seine riesengroßen, knorrigen Bauernhände auf den Lehnen des Schaukelstuhls. Mir schien, wir starrten einander endlos lange an. Nach einer Weile wurde ich rot. Ich lächelte ihm zu und nickte. Er erwiderte mein Lächeln und fragte: »Wer bist du?«

Ich sagte: »Ich bin Rebas Sohn. Ein Enkel von Clara Mae.«

»Aha«, sagte er. »Rebas Sohn.« Falls wir je wieder miteinander gesprochen haben sollten, weiß ich davon nichts mehr.

Rückblickend kommt es mir bezeichnend vor, daß ich, als ich Paw Womack sagte, wer ich bin, ihm nicht meinen Namen sagte. Meine Stellung als Individuum war meiner Position in der Abstammungsfolge untergeordnet, der Abstammungsfolge seiner Familie, als deren Sproß ich auf seiner Veranda saß. Ich wies mich als kleiner Teil eines größeren Ganzen aus. *Wer bist du?* Ich bin Rebas Sohn, Clara Maes Enkel, Tom Womacks Urenkel. *Wo wohnst du?* Da drüben – »over yonder«. *Warum magst du keine Wassermelonen?* Weiß ich nicht. Wahrscheinlich bin ich einfach komisch – »quare«.

Ironischerweise muß ich, kaum daß ich die im Wort »quare« enthaltene Geschichte durch Horace Kephart zu schätzen gelernt habe, die Tatsache hinnehmen, daß es mit meiner Generation aus meiner Familie scheidet. Weder ich noch meine Cousins und Cousinen verwenden es außerhalb des Hauses unserer Großmutter, es sei denn ironisch verpackt – ein sicheres Zeichen für das Absterben eines Wortes in einer sich wandelnden Sprache. Ich sage mir, das Verschwinden der appalachischen Mundart aus dem Wortschatz meiner Familie sei weder tragisch noch ein Zeichen für unsere Anpassung an eine dominante Kultur, sondern schlicht das zu erwartende Eintreten eines unausweichlichen Endes. »Durch Pflege läßt sich das Leben verlängern«, schreibt Dr. Johnson, »doch am Ende ist der Tod unabwendbar: Zungen haben wie Regierungen eine natürliche Tendenz zur Degeneration.« Ich sage mir, daß es Ausdruck einer natürlichen Entwicklung ist, wenn meine Kinder eine deutlich andere Sprache sprechen als meine

Eltern, aber die Tatsache, daß diese Entwicklung so schnell vonstatten gegangen ist, innerhalb einer einzigen Generation, meiner Generation, gibt mir zu denken, und ich frage mich, ob ich etwas falsch gemacht habe, ob ich an den vielen Menschen, die diese Wörter überliefert haben, Verrat begangen habe. Manchmal ist auf die Frage: »Wer bist du?« die ehrlichste Antwort: »Ich weiß es nicht.«

Vor einigen Jahren wurde auf der Farm meiner Großmutter bei einem winterlichen Unwetter ein ganzer Pinienbestand umgeknickt. Als die angebrochenen Bäume gefällt und abgefahren waren, stellte unsere Familie einhellig fest, daß die Berge hinter der Kuppe, auf der das Wäldchen gestanden hatte, erschreckend nahe wirkten. Wir liefen alle zusammen auf dem Feldweg bis hinter die Scheune, um sie genauer in Augenschein zu nehmen, beinahe, als hätten wir sie überhaupt noch nie gesehen. »Die Berge von Carolina«, schreibt Kephart in *Our Southern Highlanders*, »gehören zu den ältesten der Erde. Sie waren schon alt, uralt, als die Alpen und die Anden, die Rocky Mountains und der Himalaja erst aufgefaltet wurden.« Young's Mountain, Rumbling Bald, Chimney Rock, Shumont, World's Edge, White Oak: es scheint, als hätte meine Familie schon immer im Schatten dieser Berge gelebt. In ihren Tälern und Lorbeerdikkichten haben sich die Wörter erhalten, die uns besser als alle anderen vermitteln, wer wir sind. Wörter und Blut bilden die Doppelhelix, die uns mit unserer Vergangenheit verbindet.

Als Mitglied einer Umbruchsgeneration verliere ich nun diese Wörter und die durch sie geschaffenen Verbindungen. Und durch den Verlust der Sprache verliere ich den kleinen Trost, den eine gemeinsame Geschichte bietet. Dies kompensiere ich durch mein Schreiben, indem ich die

Figuren meiner Geschichten in die Berge schicke, damit sie dort wie einst Horace Kephart nach Antworten auf ihre Fragen suchen; damit sie von einer erhöhten Warte hinunterschauen und sehen, was von dort zu sehen ist. So sind wenigstens meine Figuren noch in der Lage, die Wörter zu benutzen, die sie mit ihrer Vergangenheit verbinden, ohne daß sie wunderlich, sonderbar, exzentrisch, komisch, ungewöhnlich, unkonventionell oder verdächtig klingen. »Geschichten«, sagt der Schriftsteller Tim O'Brien, »können unsere Rettung sein.« Auch ich habe mich der Idee verschrieben, daß Wörter, auch neue Wörter, eine erlösende Macht besitzen. Schriftsteller schreiben nicht von einem Ort, weil sie dort hingehören, sondern weil sie dort hingehören möchten. Ein komisches Gefühl, eben »quare«.

Der Garten aus Liebe

Wir wollten heiraten, und unsere Liebe machte den Sommer satt und grün. Tagsüber fuhr ich ziellos durch die Gegend und wartete auf den Abend. Abends lagen wir unter einem kreisenden Ventilator auf dem Teppich und schmiedeten Pläne für künftige Zeiten. Draußen ging der Mond auf, die Hunde sangen, und die Kühe wateten knietief durch die flachsweißen, vom schlafenden Gras ausgeatmeten Nebelschwaden.

Eines Abends sagte Sarah: »Laß uns zusammen einen Garten anlegen.«

Und weil ich in meiner Liebe auch auf weit weniger vernünftige Vorschläge eingegangen wäre, gab ich zur Antwort: »Mit dir einen Garten anlegen, ja, liebend gerne will ich das.«

Damals litten wir an den Illusionen, die Gott in seiner Gnade allen Verlobten eingibt. Eigentlich wußten wir voneinander nur Dinge, von denen wir hofften, sie würden sich als wahr erweisen. An jenen Abenden in unserer Verlobungszeit dachten wir uns eine frei erfundene Welt aus und bevölkerten sie mit unseren Sehnsüchten: Wir waren geduldig und freundlich und eifrig und entwickelten uns allein durch die Kraft unserer Wünsche im Nu zu geschickten, fleißigen Gärtnern. Ungeziefer und Unkraut würden vor unseren Händen weichen, und es würde jeden Nachmittag eine Viertelstunde regnen. Gemüse würde aus dem Boden schießen, jedes Pflänzlein ein Symbol unserer Liebe.

Ironischerweise vermittelte unser aus der Euphorie junger Liebe geborener Garten uns sogleich eine erste Ahnung vom wahren Charakter der Ehe: Als Sarah an der verabredeten Stelle auftauchte, hatte sie das Buch *Square Foot Gardening* unter dem Arm, und ich begegnete ihr mit einem festen Bild des perfekten Gartens meiner Großmutter im Kopf. Granny pflanzt ihr Gemüse in Reihen an – in langen Reihen, nicht in kleinen Quadraten. Ich konnte schon förmlich hören, wie sie sagte: »Aber, Tony, so ein paar Stengel Mais, weißt du denn nicht, daß du damit gar nicht erst anzufangen brauchst?«

Unser Machtkampf wurde auf einem kleinen Stück gepflügter Erde in der Ecke einer Heuwiese ausgetragen. Sarah wollte nach dem Buch vorgehen – schließlich habe sie es eigens für uns gekauft, ob mir das denn nichts bedeutete? –, während das Buch in meinen Augen eine Anleitung zum Verrat darstellte. Meine Familie baute seit zweihundert Jahren in North Carolina Gemüse an, in Reihen natürlich. Um uns verstreut lagen Spaten und Rechen und Hacken, schwere Beutel mit Dünger und kleine Tüten mit Samen, aber wir konnten uns nicht einmal einigen, wie wir anfangen sollten. Sarahs Augen füllten sich mit Tränen. Ich wußte, was in ihren Gedanken vorging, weil ich das gleiche dachte: Das verheißt nichts Gutes.

Damals rettete uns Gott, wie später noch so oft, indem er uns den Mechanismus offenbarte, der das Riesengewicht individueller Erwartungen in die Vorwärtsbewegung der Ehe umsetzt: Wir einigten uns, natürlich beide wider besseres Wissen, auf einen Kompromiß. Wir legten unseren

Garten in Reihen an – sehr kurzen Reihen, aber immerhin Reihen –, die zugleich den Prinzipien des *Square Foot Gardening* genügten und gerade genug waren, sie Granny vorzuführen. Danach legten wir uns mächtig ins Zeug, voll Stolz über unsere Vernunft und Reife, zufrieden, daß die auf dem Eßtisch bereitliegenden Einladungen vertrauensvoll abgeschickt werden konnten.

Den Rest des Tages arbeiteten wir Seite an Seite, Mann und Frau, Baptist und Episkopalin, unter wohltuender Junisonne. Wir säten Mais und Bohnen und pflanzten irische Kartoffeln, grüne Paprikaschößlinge und Better-Boy-Tomaten; wir säten Basilikum und Oregano, Dill und exotische Salatsorten, deren Namen sich eher wie Nebenfiguren aus Shakespeare-Komödien lasen als Hauptzutaten für Salat. Wir arbeiteten, bis sich eine erkleckliche Schar kleiner Sommersprossen über Sarahs Nase verteilte und sich die zarte Schriftstellerhaut an meinen Handflächen pellte und die rote, unentwickelte Haut eines Mannes freilegte, der neben der geliebten Frau in der Erde gräbt.

Diese Szene spielte sich, so mußte es wohl sein, zu Beginn der Zeit ab, die seitdem in North Carolina als die große Dürre von 1993 bekannt ist. Die Tage waren strahlend klar und heiß und trocken, einer wie der andere, in endloser Folge. Sarah und ich lagen angespannt unter dem Ventilator und fragten leise: *Hast du das gehört? War das Donner?* Der Juni ging in den Juli über, und der Juli sauste gen August. Die Ziegenmelker über den Weiden zeigten an, wie die Tage vergingen, und die Frösche am immer schmaler werdenden Fluß quakten nach Regen. Wir legten Schläuche vom Haus in den Garten und gossen die Pflanzen, bis Sarahs Vater eines Tages nach dem Füllen der Pferdetränke verkündete, daß der Brunnen fast ausgetrocknet sei.

Die Erde verfestigte sich zu rotem Pflaster, und natürlich scheiterte unser Garten. Unsere Kräuter gingen gar nicht erst auf, nur unsere Stimmung wurde für ein paar Tage dadurch gehoben, daß in dem Quadrat, das wir mit BASILIKUM markiert hatten, ein Trupp wilder Winden auflief. Die Bohnen keimten optimistisch, stellten aber rasch ihr Wachstum ein und ließen die Köpfe hängen, als hätten wir sie betrogen. Unser Mais stand gebeugt in der hintersten Ecke des Gartens, wie schlaksige dreizehnjährige Bengels, die sich trotz radikaler Fransenfrisuren in ihrer Haut nicht recht wohlfühlen. Fortschritte ließ allein das Gras erkennen, das wir in aller Eile untergegraben hatten, damit diese Ecke der Heuwiese wenigstens so aussah, als könnte dort ein Garten wachsen. Es richtete sich wieder auf und begann rasch die Wunde zu schließen, die durch die Dürre und unsere guten Vorsätze in die einst tadellose Wiese geschnitten und gebrannt worden war.

Mag sein, daß die Dürre in mancher Hinsicht ein Segen war. Da der Sommer uns so eindeutig widrige Bedingungen bescherte, konnte ich gar nicht erfahren, ob ich nun die Begabung meiner Vorfahren zum Gemüseanbau geerbt hatte oder nicht. Ich weiß es bis heute nicht, und das ist mir ganz recht. Mir gefällt der Gedanke, daß ich mich immer noch als großer Gärtner erweisen könnte, so ähnlich wie meine heimliche Vorstellung, ich besäße die Fähigkeit, einen Knuckleball zu werfen, der für keinen Schlagmann zu treffen wäre. Vielleicht wäre das unerprobte Leben nicht lebenswert, aber es erlaubt einem manchmal, vorübergehend auf Planeten zu leben, die romantischer und interessanter sind als der eigene.

Sarah erwies sich unterdessen als Frau von dieser Erde. Oft, wenn ich abends bei ihr ankam, buddelte sie in unserem Garten irgendwo im Erdboden, eine Rettungsarbeiterin, die sich noch im Angesicht einer unsagbaren Gemüsekatastrophe weigerte, die Hoffnung aufzugeben. Manchmal erwischte ich sie dabei, wie sie heimlich ein einzelnes Glas Wasser aus dem Haus stibitzte und die Erde um ein Pflänzchen begoß, das aussah, als könnte es ohne Regen keinen Tag mehr überdauern. Sie wurde wütend, wenn ich ihr sagte, es sei alles vergebens, und sie von der Arbeit wegzuholen versuchte. Die Dürre, die unseren Garten zerstörte, offenbarte den zähen Glauben meiner zukünftigen Frau, ein Glaube, der, wie ich zu meiner Freude habe immer wieder erfahren dürfen, in den meisten Fällen belohnt wird.

Als ich eines Abends zum Essen zu Sarah kam, stand sie an der Spüle und wusch eine grüne Paprikaschote. »Wo hast du die denn her?« fragte ich.

»Aus dem Garten«, sagte sie.

»Aus *unserem* Garten?«

»Aus unserem Garten.« Sie hielt die Schote hoch, damit ich sie sehen konnte. Sie war tiefgrün, von vollendeter Form, makellos, ein Wunder. Ihr Fleisch war aromatisch, saftig, süß. Sarah hackte sie klein und gab sie in die Spaghettisauce, die auf dem Herd köchelte. Wir aßen sie, und sie schmeckte gut.

Wir heirateten im Oktober. Die Bibelstelle, die wir für die Hochzeitszeremonie aussuchten, war aus dem Johannesevangelium, Kapitel 15: »Ich bin der Weinstock, ihr seid die Reben. Wer in mir bleibt und ich in ihm, der bringt viel Frucht; denn ohne mich könnt ihr nichts tun … Das ist mein Gebot, daß ihr euch untereinander liebt, wie ich euch liebe.« In unsere Ringe ließen wir Weinreben eingravieren. Zu unserer Überraschung verglich Pfarrer Murphy in seiner Auslegung die Ehe mit einem Garten, der nur durch treue

Pflege gedeiht. Meine Mutter, die unseren Garten gesehen hatte, erinnert sich genau, daß sie in dem Moment dachte: »O Gott, nein.« Von unserem Garten waren mittlerweile nämlich bloß noch schwache Spuren auf der Erde zu sehen, ähnlich jenen Konturen von alten Handelswegen, die man nur auf Satellitenfotos erkennt. Bei unserer Feier parkten die Gäste mitten drauf und gingen mit Recht davon aus, daß sie auf einer Heuwiese standen.

Wie wir alle wissen, feiern wir Hochzeiten weniger, weil sie etwas mit dem Alltag der Ehe zu tun hätten, als, weil es gut ist, die Freunde um sich zu versammeln und sich schön anzuziehen, wenn es auf eine schwere Reise gehen soll. Und wenn unsere gemeinsame Reise zu Zeiten schwer war, so ist sie mir doch nie sauer geworden. Gott hat uns stets in jeder Dürre noch aus dem scheinbar unfruchtbarsten Boden, eine perfekte Paprikaschote wachsen lassen, die uns, wenn wir sie grün zu unseren Füßen finden, froh macht, daß wir gemeinsam unterwegs sind. Unser erstes Haus kauften wir mitten in einem harten Winter, und als der Frühling kam, stellten wir fest, daß eine ganze Seite mit Wein bewachsen war. In solchen Momenten grinsen wir uns zu wie Spione aus einem kleinen Land, die sich an einem Flughafen in der Fremde erkennen und je eine Hälfte des Geheimnisses mitbringen, das ihnen das Überleben sichern wird. Wir lassen unsere Ringe aneinanderklicken und ziehen weiter, den Blick immer fest auf den Boden gerichtet, in Erwartung des Wunders, das als nächstes aufgehen wird.

Gespenstergeschichten

Es ist Sommerende, und ich breche mit meiner Frau nach Louisiana auf, um Gespenster zu sehen. Wir fahren durch Tennessee und Mississippi in Richtung Süden, wir lösen uns am Steuer ab, und wer gerade nicht fährt, liest dem anderen vor. Die Klimaanlage in unserem alten Auto ist dabei, den Geist aufzugeben; wir halten prüfend und flehend die Hände vor die Lüftungsschlitze. In Hammond halten wir bei Wal-Mart und kaufen eine Taschenlampe. Wir fliegen auf der längsten Brücke der Welt über den Lake Pontchartrain auf New Orleans zu. Wir sind auf halber Strecke über den Damm, als Sarah sagt: »Ich weiß nicht, ob ich an Gespenster glaube.« Sie hat Theologie studiert. »Ich kann mir nicht vorstellen, wozu Gott sie brauchen sollte.«

Wir sind gerade an einer toten Mokassinschlange vorbeigefahren. Ich frage mich, wie sie wohl auf die Brücke gekommen ist. Ich sage: »Vielleicht haben Gespenster gar nichts mit Gott zu tun.«

Sarah sagt: »Wenn sie nichts mit Gott zu tun haben, dann will ich auch nichts mit ihnen zu tun haben.«

Rechts von uns hocken kleine, verlassen wirkende Häuser auf Pfählen, die in kleine, nicht vollständig verlandete Erhebungen getrieben sind. Die Häuschen sind mit Blech gedeckt, verfallen, die Fenster ohne Fliegengitter und scheibenlos. Links von uns dehnt sich der blaue See wie ein neuer Ozean. Eine lange Reihe von Strommasten watet über das Wasser und verschwindet in einer Gewitterwolke, die sich hinter dem Horizont auftürmt. Als wir unter den schweren Leitungen hindurchfahren, verschwinden einen Moment lang alle Masten hinter dem, der am nächsten steht. Der Tag ist heiß und wunderschön, wir sind verheiratet und auf der Reise nach New Orleans, um Gespenster zu sehen, wobei mir, denke ich, schon ein einziges genügen würde.

Ich sage: »Du wirst doch hoffentlich nicht beten, daß wir keine Gespenster sehen, oder?«

»Ich weiß nicht«, sagt Sarah. »Vielleicht bete ich, daß uns nichts Schlimmes passiert.«

Ich bin schon darauf versessen, einmal ein Gespenst zu sehen, seit meine Schwester tödlich verunglückt ist. Damals war ich in meinem ersten Collegejahr, sie im letzten Jahr auf der High School. Sie fuhr das Auto unserer Mutter eine Böschung hinunter, die von Kuzu überwuchert war. Das war ein paar Tage vor den Weihnachtsferien. Ich kehrte heim, ohne meine Prüfungen zu machen. Meine Schwester lebte noch eine Woche mit künstlicher Beatmung weiter, den Kopf so dick verbunden, daß nur ihr Mund frei war, dann starb sie.

Ich kehrte nach den Weihnachtsferien aufs College zurück. Eines Nachts hatte ich einen lebhaften Traum: Ich saß in meinem Zimmer im Wohnheim über meinen Büchern, als der Summer über der Tür ertönte. Ich ging nach unten, die Tür zur Telefonzelle stand offen, der Hörer baumelte leise schaukelnd unter dem schwarzen Telefon. Noch nach all diesen Jahren kann ich die Telefonzelle riechen, den Zigarettenrauch, den Körpergeruch, die abgestandene Luft in der kleinen Zelle.

Ich sagte: »Hallo?«

Meine Schwester sagte: »Ich bin's.«

Ich sagte: »Das kann nicht sein. Du bist tot, wo bist du?«

Sie sagte: »Du wirst es nicht glauben, aber ich bin im Himmel.«

Ich war ein frischgebackener Student, deshalb glaubte ich nicht an Gott. Ich sagte: »Hör doch auf.«

Sie sagte: »Nein ehrlich. Ich bin im Himmel, und Gott ist ein echt cooler Typ. Er wär dir echt sympathisch.«

Ich spürte, wie ich glaubte, wie ich glauben wollte, wie mir etwas bewusst wurde, das immer um mich gewesen war, das ich brauchte wie die Luft zum Atmen. Aber ich sagte: »Ich glaub dir nicht«, aus Angst.

»Hör zu«, sagte sie. »Ich muß Schluß machen. Ich wollte dir nur sagen, daß alles okay ist.«

Ich hatte den Eindruck, am anderen Ende im Hintergrund eine Stimme zu hören, vielleicht jemand, der darauf wartete, telefonieren zu können. Ich rief ihren Namen. Ich sagte: »Bitte leg nicht auf.«

Sie sagte: »Ich kann nicht mehr reden. Ich muß jetzt Schluß machen. Mach dir einfach keine Sorgen mehr um mich, okay?«

Und dann war sie weg. An meinem Ohr summte das Leerzeichen.

In derselben Nacht hatte meine Mutter den gleichen Traum.

Das englische Wort »haunt« – spuken – stammt aus derselben Wurzel wie »home«. *Harper's Encyclopedia of Mystical and Paranormal Experience.*

Die Portiers in unserem Hotel tragen Bermuda-Shorts und weiße Handschuhe zu betressten Jacken, die aussehen wie von Admiralsuniformen. Ich bin nicht sicher, wem ich Trinkgeld geben soll und wieviel. Meine rechte Hand steckt tief in der Hosentasche und umklammert einen Dollarschein wie ein Kruzifix. Der Blick von unserem Zimmer reicht beinahe bis zum Fluß und beinahe bis zum French Quarter. Wir haben zwei Fernseher, damit wir die Olympiade sehen können, und ein Bidet, das mir als eine phantastische Erfindung erscheinen will. Wir gehen hinunter ins Foyer und fragen an der Rezeption, ob man es wagen kann, zu Fuß ins French Quarter zu gehen. Wir sind zum erstenmal in New Orleans. Wir sind noch nicht lange genug in der Stadt, um das French Quarter einfach das »Quarter« zu nennen. Die Dame an der Rezeption lächelt. »Aber ja«, sagt sie. Sie holt eine Karte des Viertels unter ihrem Tresen hervor und malt östlich der Dumaine Street und nördlich der Rue Dauphine je ein großes Kreuz, so daß aus dem Viertel eher ein Achtel wird. »Ich würde Ihnen raten, diese beiden Gegenden zu meiden«, sagt sie und zeigt auf die beiden Kreuze. Dann sieht sie uns ernst an. »Und betreten Sie auf keinen Fall einen Friedhof ohne Begleitung. Nicht einmal bei Tag.«

»Gibt es Gespenster in der Bibel?«

»Ich weiß es nicht. Ich werd's nachschlagen.«

»Zu mir ist heimlich ein Wort gekommen, und von ihm hat mein Ohr ein Flüstern empfangen beim Nachsinnen über Gesichte in der Nacht, wenn tiefer Schlaf auf die Leute fällt; da kam mich Furcht und Zittern an, und alle meine Gebeine erschraken. Und ein Hauch fuhr an mir vorüber; es standen mir die Haare zu Berge an meinem Leibe. Da stand ein Gebilde vor meinen Augen, doch ich erkannte seine Gestalt nicht; es war eine Stille, und ich hörte eine Stimme: Wie kann ein Mensch gerecht sein vor Gott oder ein Mann rein sein vor dem, der ihn gemacht hat?« Hiob 4: 12–17

Die hohen Hotels an der Canal Street sind über das French Quarter gebeugt wie reiche, ranke Männer beim Würfelspiel. Wir kommen an einem Computergeschäft nach dem anderen vorbei, jedes mit einem Inder mit identischem dichtem Schnurrbart besetzt. Auf der Bourbon Street wandern wir gleichzeitig durch eine auf Disney getrimmte Vergangenheit und eine unbestimmte dunkle Zukunft, in der alles uns im Leben als gut Vertraute im Rausch verflimmert. Für jedes hinter einem eleganten schmiedeeisernen Geländer sittsam mit Läden verschlossene Fenster, für jede kleine Gasse, an deren Ende ein geheimer Garten winkt, umrahmt eine aufschwingende Tür eine nackte Frau, die sich in verrauchtem Halbdunkel windet. Wir schauen lange in das Fenster einer Kunstgalerie, wo eine mit achtundsechzigtausend Dollar ausgezeichnete körperlose Plastik von Charlie Parkers Kopf auf einem goldenen Saxophon spielt, und kommen wenige Augenblicke darauf an einem Club vorbei, an dem ein Schild in schreienden Farben LIVE SEX ACTS WITH MALES AND FEMALES verheißt. Mitten auf der abgesperrten Straße singt eine alte Frau in einem blauen Kleid so gedehnt »Amazing Grace«, daß die Melodie fast nicht mehr zu erkennen ist und jede Note zu einem kleinen Lied wird, für das sie eine Münze verdient. Ein paar Schritte hinter der alten Frau stehen um ein Karaoke-Mikrophon in einer Freiluftkneipe vier Verbindungsbrüder, die zu viele Zombies intus haben und blöde mit den

Köpfen auf und ab wackeln wie aus dem Takt geratene Zylinder, und brüllen »Wild Thing«. Wir gehen an zwei kleinen Jungen vorbei, Brüdern, die sich Stepplatten unter die Absätze ihrer kleinen schwarzen Turnschuhe genagelt haben und gerade lange genug mit dem Geklicke aufhören, um uns zu erzählen, daß sie fünf Stunden am Tag tanzen und eine Menge Geld verdienen. Wir bücken uns und lesen auf den Bürgersteig geschraubte Schildchen, die Feiernde mahnen, ihre Getränke nicht in die Siele zu kippen, weil die Abwasserkanäle direkt in den Fluss münden. Wir spazieren durch Inseln gekühlter Luft vor den kleinen Geschäften mit Filmen, Mardi-Gras-Perlen, gefiederten Masken und T-Shirts, auf denen steht: I GOT LAID IN NAWLINS. Eine sympathisch wirkende Frau, die uns erzählt, sie sei Lehrerin und sammle Spenden für Essen auf Rädern, will uns einen Strafzettel ausstellen, weil wir nicht lustig genug feiern, und wir geben ihr einen Dollar. Wir verirren uns in eine Galerie, in der wir Volkskunst der Südstaaten vermuten, weil das Schild im Fenster es so angibt, und starren verdutzt auf eine Sammlung menschlicher Schädel. Sarah grinst und deutet die St. Peter Street hinunter, wo ich den Vollmond am schwarzen tropischen Himmel stehen sehe. »Uuuu«, sagt sie. »Gruselig.« Wir gehen zum Hotel zurück und lächeln im Foyer der Frau an der Rezeption zu. Wir gehen nach oben, hüllen uns in weiße, wappenbesetzte Morgenmäntel, steigen in ein Bett von der Größe einer kleinen Grafschaft, knipsen das Licht aus und sehen uns im Fernsehen die Olympischen Spiele an.

»Der englische Para-Forscher Harry Price war einer der ersten, der moderne Technologie zur Erforschung der Gespensterwelt einsetzte ... Price stellte einen Handwerkskasten für Gespenstersucher zusammen, unter anderem mit Filzpantoffeln, die über die Schuhe gezogen werden, einem Maßband, einem Thermometer, einem Fotoapparat, einer ferngesteuerten Filmkamera, Mitteln zur Sicherung von Fingerabdrücken, einem Fernrohr und einem Mobiltelefon.« – *Harper's Encyclopedia of Mystical and Paranormal Experience.*

Parapsychologen, zumindest echte, haben es in New Orleans nicht leicht. Die Stadt ist voller Scharlatane und Gauner und Spinner, die sich als Parapsychologen und Medien und Gespensterjäger ausgeben, sogar die Angestellten des Fremdenverkehrsamts ködern Touristen zu Besuchen, bezahlten Besuchen in »Spuk«häusern, von denen man genau weiß, daß dort nie ein Gespenst gewohnt hat. Ständig wird man von irgendwelchen Hexen und Hexenmeistern, Voodoo-Priesterinnen und Teufelsanbetern mit Zauberflüchen belegt, weil man ihnen die falschen Fragen stellt. Ständig wird man von irgendwelchen verklemmten, komplexbeladenen Menschen belogen, die einen zur Besichtigung von Gebäuden und Orten einladen, obwohl sie genau wissen, daß es dort nicht spukt, schlicht weil sie hoffen, daß man so tun wird, als hätte man doch welche entdeckt, damit sie einen dann als Erfinder einer Gespenstergeschichte und mithin als Schwindler entlarven können. »Schauen Sie«, sagt Marty Revenant ein wenig gelangweilt, »so etwas ist entweder in einem Haus, oder es ist nicht da. Das merkt man, sobald man zur Tür hineintritt.«

Revenant ist Parapsychologe, ein professioneller Spezialist in Sachen übernatürlicher Vorgänge. Wir treffen uns mit ihm am hellichten Vormittag. Er trägt Bermuda-Shorts zu einem leichten Baumwollhemd und Segelschuhen. Er hat ein Mobiltelefon dabei und entschuldigt sich häufig, um ein Gespräch anzunehmen. Er könnte ein Fußpfleger sein, der Wochenende hat. Seine Mitarbeiterin Susan Smothers ist adrett und freundlich. Sie stammt aus Ohio und wirkt genauso normal wie er.

Revenant erzählt, er habe in Tulane Elektrotechnik und an der University of California in Los Angeles Parapsychologie studiert. Er ist seit dreiundzwanzig Jahren wissenschaftlich akkreditierter Parapsychologe und tritt regelmäßig im nationalen Fernsehen auf, mit den Sendungen *Unsolved Mysteries* und *Sightings* sowie Sondersendungen bei A&E. Der ABC hat ihn vor kurzem in Los Angeles eingeflogen, nicht damit er im Fernsehen auftrat, sondern damit er ein Studio untersuchte, dessen paranormale Aktivität immer wieder Crews vertrieb. Er wird von Hotels aus dem ganzen Land bestellt, damit er die Zimmer untersucht, in denen es die Gäste nachts nicht aushalten. Er würde vermutlich quer durch den Mississippi schwimmen, um einen Scharlatan zu zwingen, das Wort Parapsychologe von seiner Visitenkarte zu streichen. Er hat keinen sehnlicheren Wunsch, als anhand von unwiderlegbaren wissenschaftlichen Beweisen zu dokumentieren, daß es Gespenster gibt, doch darin liegt das einzige und zugleich frustrierendste Problem seines frustrierenden Berufs. »Wir verfügen einfach noch nicht über die Technologie, die wir bräuchten«, sagt Revenant mit leicht wehmütigem Gesicht, wie ein Ölingenieur, der gezwungen ist, mit der Wünschelrute zu arbeiten, oder ein Mikrobiologe, der mitten in einer Epidemie nichts als seine Lupe zur Verfügung hat. Sein Team kann mit Hilfe von hochsensiblen Magnetometern das magnetische Feld eines Spukhauses darstellen, es kann winzigste Temperatur- und Barometerschwankungen und die genaue thermische Strahlung aufzeichnen, aber Gespenster sind nicht einfach Magnetfelder oder Wetter oder Nuklearenergie, sie sind etwas anderes, eine Anomalie, für die das richtige Meßinstrument noch nicht gefunden ist. Das Wissen, daß es Gespenster gibt, einerseits – und das besitzt Revenant, denn er hat welche gesehen, er sieht sie in einem fort – und die Unmöglichkeit, einer zynischen Welt ein für allemal ihre Existenz zu beweisen, andererseits, führt zu dem resignierten Ton, mit dem er sich in seinem Sessel zurücklehnt und leise achselzuckend sagt: »Deshalb müssen wir zu ihrer Erforschung immer noch auf Medien zurückgreifen.«

Ich erzähle Revenant von der Sache mit meiner Schwester. »Ah«, sagt er, »sie hat sich Ihnen im Traumzustand manifestiert.«

»Der Geist kommt.« Hamlet I.i.

Revenant und Susan begeben sich mit uns in ein kleines Theater an der St. Peter Street. Revenant gibt an, es sei das verspukteste Gebäude in der verspuktesten Stadt der ganzen USA. Er erzählt, vor einigen Jahren habe sich dort eine Schauspielerin namens Catherine erhängt, nachdem sie mit einem Regisseur geschlafen und trotzdem die Rolle nicht bekommen hatte; eine andere Schauspielerin, Carolyn, sei dort nach einer Aufführung, noch mit Freunden lachend, vom Balkon über dem Innenhof gestürzt und habe sich den jungen Hals gebrochen; der schlechtgelaunte, verstorbene Bühnenarbeiter Sigmund ziehe dort unmittelbar vor Aufführungen die Stecker der Scheinwerfer aus der Wand und schiebe Schauspieler vor ihrem Stichwort auf die Bühne; ein gewisser Alejandro Benagas, der sehr, sehr alt sei und über die Jahre bereits in fast allen Theatern des French

Quarter gespukt habe, bis ihm nur dieses Theater geblieben sei, setze sich dort stets auf denselben Platz im zweiten Rang rechts. Er ignoriert die rechtmäßigen Karteninhaber, bis sie entnervt den Platzanweiser holen und ihn bitten, den gutaussehenden Mann im seltsamen Abendanzug zum Gehen zu bewegen. Im Magazin säßen fünf schwarze Männer und erschreckten die Bühnenarbeiter zu Tode, indem sie sich einfach in Luft auflösten; und im Kindertheater wohnten sechs Kinder, von denen keines dort gestorben sei, in der guten Energie, die im Zuschauerraum von lachenden, lebendigen Kindern hinterlassen werde. Sie werden von Carolyn behütet, die sie liebt. Bis zum letzten Jahr waren es nur fünf Kinder, bis Carolyn Stephanie gefunden hat, die vergewaltigt, ermordet und verloren durch die Straßen des French Quarter irrte, und sie mitgenommen hat, damit sie mit bei den anderen Kindern wohnen konnte.

»Priester können für gewöhnlich gar nichts ausrichten«, sagt Revenant. »Wenn man es mit einem wirklich feindseligen Wesen zu tun hat, kann man hundert katholische Priester und den Papst holen, ohne daß es sich von der Stelle rührt.«

»Wesen«, sage ich. »Heißt das nicht, daß sie …«

»Ja«, sagt Susan aufgeregt und beugt sich über den Tisch zu uns hinüber, »daß sie ein Bewußtsein besitzen.«

Aus dem Kindertheater, durch die Fenster, die auf den Hof hinausgehen, können wir den Balkon sehen, von dem Revenant zufolge die lachende Carolyn gestürzt ist und sich den Hals gebrochen hat. Es ist Sommerpause, das Theater ist geschlossen. Dichter Staub hängt fast reglos in der stikkigen, heißen Luft, in dem trägen Licht, das die Formen der hohen Fenster auf dem Boden abbildet. Ich gehe mit ausgestreckten Armen quer über die Bühne. Ich suche ein Gespenst. »Die Kinder sind hier«, sagt Revenant. »Hier überall um uns herum.« In der Luft über fünf aufeinandergestapelten Stühlen spüre ich etwas Kaltes. Es ist genausobreit wie der Stuhl. Revenant schließt die Augen und tritt einen Augenblick beiseite. Er atmet einmal vernehmlich ein. »Es ist Carolyn«, sagt er. Ich versuche ein Wesen, eine Erscheinung zu spüren, doch ich spüre bloß eine kalte Stelle in der Luft über einem Stapel Stühle. Im Büro klingelt ein Telefon, und sogleich verschwindet die Kälte. Um meine Hand herrscht heißer New-Orleans-Sommer in einem geschlossenen, leeren Raum. »Weg sind sie«, sagt Revenant. Und das ist alles, was ich zu erzählen habe.

»Wirst du an den Toten Wunder tun, oder werden die Verstorbenen aufstehen und dir danken?« 88. Psalm, 11

Auf dem Weg zum Mittagessen kaufe ich mir in der Nähe des Jackson Square an einer Lucky-Dog-Bude eine Cola Light. Porträtmaler und Tarotkartenlegerinnen suchen von ihren schattigen Plätzen unter den alten Bäumen Blickkontakt mit uns. Im Garten hinter der Kathedrale duellieren sich tote kreolische Plantagenbesitzer, nur daß ich sie nicht sehen kann. Vor einer Touristenmenge läßt sich ein schwarzer Mann schweben. Ein Eisverkäufer ruft: »Eis. Yo, Eis.«

Sarah sagt: »Marty scheint was gegen Christen zu haben.«

Ich sage: »Nein, bestimmt nicht. Er ist bloß Wissenschaftler.« Ich hebe die kalte Plastikflasche an die Lippen.

»Süßstoff«, sagt sie. »Phenylalanin. Du weißt, das Zeug wird dich umbringen.«

»An irgendwas muß man ja sterben«, sage ich.

Sarah flüstert: »Gift. Gift.«

Ich frage die Kellnerin: »Kocht Chef Paul noch hier?« Ich habe Chef Paul im Fernsehen kochen sehen.«

»Nein, das nicht«, sagt sie, »aber er schaut oft vorbei.«

»Wirklich?«

»Klar. Er erscheint manchmal den Gästen.«

In einem kleinen Hof hinter einem Tor an der Toulouse Street schließen wir uns einer Führung unter der Leitung von Brandon Osborne an. Brandon schreibt eine Kolumne mit dem Titel »Fragen Sie den Parapsychologen« für eine kleine paranormale Zeitschrift. Mit von der Partie sind eine jugendlich wirkende Frau aus Maryland mit ihrer fast erwachsenen Tochter und ein amerikanischer Ölingenieur aus Indonesien, der mit seiner Frau und zwei kleinen Söhnen Urlaub macht. Der ältere trägt ein Shaquille-O'Neal-T-Shirt, der jüngere trägt eine Brille und hat einen ungewöhnlichen Akzent. Wir begeben uns gemeinsam auf Gespensterschau. Brandons T-Shirt weist ihn als unseren PARANORMAL GUIDE aus. Er ist groß und gutaussehend und trägt eine gepflegte Kurzhaarfrisur, er sieht aus wie ein Missionar der Mormonen. Wie Revenant und Susan wirkt auch er nicht seltsam. Er schreit, damit wir ihn über das Surren der Wärmepumpen im Hof hinweg hören können. Er erklärt uns, daß sämtliche Gebäude, die wir besuchen werden, von aktiven Gespenstern bewohnt sind, daß unlängst bei einer Führung eine Frau von einem Gespenst angegriffen wurde, daß bei einer anderen Gelegenheit achtundvierzig Leute von der Bühne des kleinen Theaters gesehen haben, wie Alejandro Benagas sie von seinem Sitz im zweiten Rang beobachtete. »Wow«, sagt der kleinere der beiden Jungen. Er klingt ein wenig britisch. Brandon sagt: »Bitte, melden Sie sich unbedingt, wenn Ihnen auch nur im geringsten komisch wird.« Er deutet auf seine Augen. »Wo's um Übersinnliches geht, lernt man, diesen hier nicht allzusehr zu trauen.« Ich erzähle der Frau aus Maryland, daß ich vormittags schon eine kalte Stelle in der Luft gespürt habe. Sie nickt und sagt: »Wirklich?« Die Frau des Ölingenieurs sieht Sarah an. Der Ölingenieur sagt: »Auf geht's.«

Im kleinen Theater erzählt Brandon Catherines traurige Geschichte und fragt, ob jemand die Stelle finden könne, wo sie sich erhängt hat. Die Frau aus Maryland macht ein paar vorsichtige Schritte nach vorne und marschiert dann schnurstracks zu der Stelle hin. »Hier«, sagt sie. »Ich habe den Eindruck, hier spüre ich etwas.«

»Die ist *richtig gut*«, sagt Brandon.

Im Kindertheater setze ich mich nach hinten neben den Ölingenieur. Der Rest der Gruppe wandert langsam durch den Raum. Die Arme wie Tentakel vorgestreckt, wedeln sie in der stickigen Luft langsam mit den Händen und suchen nach kalten Stellen. Sie sehen aus wie eine freie Tanztruppe bei einer Vorführung im Einkaufszentrum. »Wissen Sie«, sagt der Ölingenieur mit einem Kopfnicken in Richtung seiner Söhne, »wir überlassen ihnen die Wahl. Sie hätten auch in den Zoo gehen können.«

Brandon führt uns an die Bar des indischen Restaurants Shalimar. Er erzählt der Gruppe von einer Erscheinung, die unter dem Namen Sikh bekannt ist. Eine Zeichnung des Sikh, angefertigt von einem medial begabten Künstler, hängt im Büro für die Geisterführungen. Brandon berichtet uns, der Sikh fühle sich zum Wächter einer reichen Frau berufen. Während eines Aufenthalts in New Orleans habe er sich an die Mutter des Besitzers des Shalimar gehängt.

Sie stört sich nicht an ihm, obwohl er den Rest der Familie beunruhigt. Brandon zeigt uns im Obergeschoß des Restaurants die Ecke, wo der Sikh am häufigsten gesehen wird. Der Raum ist noch vom Mittagsbuffet gut besetzt. Die Gäste blicken von ihrem Chicken Tiki Masala auf, lesen die Aufschrift auf Brandons T-Shirt und lächeln uns zu.

»O Mann«, sagt der Ölingenieur.

In einem kleinen Café an der Toulouse Street zeigt Brandon uns, wo eine Geheimtür, die es nicht mehr gibt, sich zu einer Gasse öffnete, die es nicht mehr gibt. Das Café war während der Prohibition eine Flüsterkneipe. Er zeigt uns das mysteriöse, unsignierte Bild einer Schönen der zwanziger Jahre, das vor kurzem bei Renovierungsarbeiten ans Licht gekommen ist. Wir wandern zwischen den Tischen im Bühnensaal umher und suchen nach kalten Stellen. Auf der dunklen Bühne kann ich weder Arthur den Trompeter finden, der am Herzinfarkt starb, während er spielte, um seine Schulden beim Besitzer des Lokals abzuzahlen, noch die beiden Musiker, die dort bei einem Feuer ums Leben kamen und nun zusammen mit Arthur das Trio toter Jazzmusiker bilden, das im Café Tische rückt und Streiche spielt, noch den verdrießlichen, eitlen, jähzornigen Italiener, der einen Smoking mit einer roten Blume im Knopfloch und das schwarze Haar in der Mitte gescheitelt trägt und in der Flüsterkneipe als Türsteher arbeitete, bis er auf seinem Posten erschossen wurde, weil er mit der Frau des Chefs geschlafen hatte. Brandon spricht liebevoll von dem Italiener, wie von einem exzentrischen Freund, den er bei Laune hält, damit er ihm nichts antut. Er war das erste Gespenst, das Brandon je gesehen hat. Ich finde mich widerstrebend mit dem Gedanken ab, daß ich wohl an keinem dieser Spukorte ein Gespenst sehen werde. Mich wandelt eine leichte Verzweiflung an. Ich möchte an den Italiener glauben. Ich will nicht in einer Welt leben, in der die Menschen sterben und für immer verschwunden sind. Ich möchte ein Zeichen bekommen, ehe ich aus New Orleans abreise. Ich stelle mich an die Stelle, wo der Italiener für seine Sünden erschossen wurde. Ich sehe mich um, um sicher zu sein, daß mich niemand hören kann. Ich werde rot, spüre, wie die Ränder meiner Ohren heiß werden, und flüstere: »Los, du Spaghettifresser, laß dich endlich blicken.«

Wir ziehen aus unserem vielgeschossigen Hotel um in das French Quarter. Wir beziehen das Zimmer 110 des Dauphine Orleans, das für lebhaften Spuk berüchtigt ist. »Uuuu«, sagt Revenant, als wir es ihm erzählen. »Dann wünsche ich Ihnen da alles Gute.« Sein Forschungsteam ist in dem Zimmer einem Wesen von so böser Ausstrahlung begegnet, daß sich einer der Mitarbeiter weigerte, den Raum zu betreten. Sie mußten die Tür fast mit Gewalt öffnen, um reinzukommen. Als sie ihre Instrumente aufbauten, riß jemand die Gardinen vom Fenster. Da nahm der Hotelmanager ebenfalls Reißaus und gesellte sich zu dem ängstlichen Medium draußen am Swimmingpool.

Sarah bekreuzigt sich, bevor sie über die Schwelle zu unserem Zimmer tritt. Ich sage: »Ich wünschte, das hättest du nicht getan.«

»Nicht jeder, der einen Ort betritt, an dem es spukt, erlebt paranormale Phänomene. Es wird vermutet, daß es bestimmter psychischer Gestimmtheiten oder emotionaler Zustände bedarf, um Menschen dafür empfänglich zu machen.« *Harper's Encyclopedia of Mystical and Paranormal Experience.*

Man erzählt uns, das Dauphine Orleans sei ursprünglich ein Bordell gewesen. Dort hätten reiche kreolische Plantagenbesitzer ihre hellhäutigen farbigen Mischlingsmätressen untergebracht, für die Zeiten, die sie zum Trinken und Spielen und Huren in der Stadt verbrachten. Unser Zimmer ist sehr hübsch, obwohl es kein Bidet hat. Die Ziegelwände sind original, die offenen Balken weisen noch die Spuren der Werkzeuge der Sklaven auf, die sie aus immergrünen Eichenstämmen gehauen haben. Revenant schickt uns seinen Kollegen Jim Scanton herüber, damit er sondiert, ob sich derzeit Gespenster im Zimmer aufhalten. Jim ist das jüngste Mitglied von Revenants Untersuchungsteam. Bei einer besonders unheimlichen Hoteluntersuchung hat er sich einmal plötzlich umgedreht und ein Polaroidfoto von einer Eismaschine geschossen, als sie gerade eine Ladung Eiswürfel ins Schubfach spie. Jetzt heißt er bei allen Mitarbeitern nur Jim Ice Boy. Anders als der Rest der Teammitglieder besitzt Jim keine besonderen medialen Fähigkeiten. Er will sich aber darum bemühen und hat deshalb jeden Alkoholkonsum eingestellt. Mangel an medialen Fähigkeiten sei, so erläutert er uns, für einen paranormalen Ermittler ein schweres Handicap. »Mit anderen Worten«, sagt er, während er ein Magnetometer aus der Aktentasche holt, »bin ich praktisch blind.« Jim und ich gehen abwechselnd mit dem Magnetometer durch den Raum. Der Raum weist eine relativ hohe Restenergie auf, aber nichts akut Aufregendes. Ich sage: »Also ist niemand mit hier bei uns im Zimmer?«

»Leider nicht«, sagt Jim. »Tut mir leid.«

»Aber es könnte jederzeit wer auftauchen?«

»Klar doch«, sagt er. »Auf jeden Fall.«

Ich frage das Zimmermädchen, das aus Zimmer 109 kommt: »Wohnen in unserem Zimmer Gespenster?«

»Klar«, sagt sie. »Gespenster wohnen überall.«

Sarah sieht sich das Drei-Meter-Turmspringen der Damen an und mampft eine Tüte Doritos. »Ich weiß, warum es nicht klappt«, sagt sie. »Wir haben unsere Filzpantoffeln vergessen.«

Sarah schläft friedlich. Ich versuche mich wach zu halten. Ich habe eine Lampe angelassen, damit ich sehen kann. An einer Wand hängt ein schlechtes Gemälde eines Flamingos und eines Ibisses, die durch einen Sumpf staken. Auf einem Ast über den beiden großen Vögeln sitzt ein kleiner Kardinal, der nicht in die Landschaft paßt. Der Kardinal ist der Staatsvogel von North Carolina. Die Barkeeperin im Dauphine Orleans ist aus North Carolina. Sarah und ich sind aus North Carolina. In der Heimatstadt der Barkeeperin steht eine Papierfabrik, die ich schon rieche, wenn sie die Stadt nur erwähnt. Der Kardinal beobachtet mich. Ich will nicht von dem offiziellen Vogel meines Staates beobachtet werden. Ich will nicht, daß die Barkeeperin in New Orleans klingt wie meine Tante zu Hause in den Bergen. Ich will keine Gespenstergeschichten mehr hören. Ich will noch nicht einschlafen. Ich will kreolische Schatten aus der Wand treten und mit langen Piratenmessern kämpfen sehen. Ich will einen griechischen Chor aus Mischlingskurtisanen auf Französisch schreien hören, daß sie aufhören sollen. Ich will lebendige Tote sehen. Und wenn ich zu Gott bete, daß er sie aus unserem Zimmer verbannen möge, will ich in meiner Stimme die Klarheit des Gläubigen hören und nicht den näselnden Akzent eines verkrachten Baptisten.

Sarah sagt: »Guten Morgen.«

Ich sage: »Hast du gehört, wie …«

»Die Seifenschale«, sagt sie. »In der Dusche ist die Seifenschale runtergefallen.«

Ich sage: »Glaubst du …«

Sarah sagt: »Ich glaube, daß die Seifenschale runtergefallen ist.«

Wir reisen aus New Orleans ab und fahren nach St. Francisville, einer kleinen Stadt nördlich von Baton Rouge. Wir melden uns in The Myrtles an, einer Bed-&-Breakfast-Pension in einem Plantagenhaus, dessen Gespenster berühmt dafür sind, daß sie auf Fotos auftauchen, die Gäste auf der Plantage machen. Die Plantage sieht genauso aus, wie es sich gehört: Die lange weiße Auffahrt führt von der Landstraße im Bogen durch einen großen Garten mit uralten, flechtenbehangenen immergrünen Eichen. Das Haus ist zweihundert Jahre alt, mit einer breiten Veranda und großen Flügeltüren und hohen, noch mit verzerrten Antebellum-Scheiben verglasten Fenstern. Hinter dem Haus steht ein kleiner Brunnen in einem exakt angelegten Garten voll blühendem indischen Flieder. Aus einer von einem kleinen, vermutlich von Schlangen wimmelnden Graben umschlossenen Laube sehen wir durch ein formvollendetes Spinngewebe in die Dämmerung und den dunkelwerdenden Garten, auf den Brunnen und das alte Haus. Die Spinne ist schwarz und gelb, so groß wie ein kleiner Hund. Im dunklen Wald um uns herum kreischen die Zikaden. »Uuuu«, sagt Sarah. »Gruselig.« Ich schau nach, ob ich im Graben eine Mokassinschlange finden kann. Optimismus steigt in mir auf wie der Mond.

Ich frage die Frau, die uns den Schlüssel zu unserem Zimmer gibt, warum unser Zimmer das Zwillingszimmer heißt. Sie sagt: »Weil zwei Betten drinstehen.«

Zwei Paare aus Baton Rouge kommen in einem Astro auf den Parkplatz gefahren. Sie trinken Bourbon aus Bechern von der Louisiana State University. Einer der Männer trägt eine runde Brille und ein Golfhemd. Er sieht aus wie ein Anwalt. Der andere hat den verwegenen Schnurrbart eines Stock-Car-Rennfahrers. Die Frau des Anwalts ist groß und blond und hübsch. Die Frau des Stock-Car-Rennfahrers ist klein und rund und redet an einem Streifen. Der Stock-Car-Rennfahrer nimmt einen Schlüssel und geht nach oben zur Toilette. Er kommt wieder nach unten und sagt, irgendwas halte die Tür zu. Ich balle meine Faust und flüstere Sarah zu: »Ja!« Wir laufen mit dem Stock-Car-Rennfahrer und der Frau des Stock-Car-Rennfahrers, mit dem Anwalt und der Frau des Anwalts, mit dem einzigen Kellner des Restaurants und Ty, dem Neffen des Besitzers, nach oben. Der Kellner steigt aus einem anderen Fenster aufs Dach und probiert das Toilettenfenster. Ty geht an die Toilettentür und macht sie auf. Wir sehen den Kellner durch das Fenster zu uns hereinschauen. Der Stock-Car-Rennfahrer sagt: »Ach, Moment mal. Ich war an der falschen Tür.« Ty sagt: »Komm vom Dach runter.«

»Ein Mensch, der vom Weg der Klugheit abirrt, wird weilen in der Schar der Toten.« Sprüche 21: 16

Ty erzählt uns, The Myrtles sei von der Smithsonian Institution unter den Spukhäusern Amerikas als die Nummer eins eingestuft worden. Er zeigt uns die Stufe auf der Haupttreppe, die siebzehnte von unten, wo einer der Besitzer verschied, nachdem er auf der Veranda von einem Fremden angeschossen worden war. Er zeigt uns den Spiegel im Flur, in dem, ganz gleich wie oft man ihn neu beschichtet oder das Glas ersetzt, Krallenspuren erscheinen. Er erzählt uns von dem toten Gärtner, den man auf Video aufgenommen hat, wie er durch den Park läuft, und von dem seltsamen Mann, dem so lebhaft von The Myrtles träumte, obwohl er noch nie dagewesen war, daß er verzweifelt darum bettelte, eingelassen zu werden, und sich dann im Eßzimmer eine Stunde aufgeregt mit einem toten kleinen Jungen namens Tom unterhielt. Er führt uns zu den beiden Fotos, die seine Tante von dem Haus gemacht hat, auf denen die durchsichtige Gestalt einer Frau im langen Rock und Kopftuch zu sehen ist, die vom Haupthaus in die Küche geht. Er zeigt auf die Gestalt und sagt: »Das ist Chloe.« Chloe sei eine Haussklavin gewesen, erzählt er, ein Küchenmädchen, eine Frau von großer Schönheit, die nachts oft Besuch von ihrem Herrn bekommen habe. Als die Herrin des Hauses von der Liaison erfuhr, verlangte sie von ihrem Mann, daß er Chloe auf die Zuckerfelder verbanne. Doch Chloe wurde dabei erwischt, wie sie das Gespräch belauschte, und für diese Sünde schnitt man ihr ein Ohr ab. Daraufhin gestattete ihr die Herrin zu bleiben, da sie nun nicht mehr schön war. Eines Tages habe Chloe dann einen Kuchen gebacken und ihn mit Oleanderblättern vergiftet. Die Herrin habe davon gegessen und auch jeder ihrer kleinen Töchter ein Stück davon gegeben, und daran seien alle drei gestorben. Ty erzählt uns, wie die anderen Sklaven, als sie hörten, was Chloe getan hatte, sie vor Zorn und Gram erhängten. Er erzählt uns, daß Gäste spät abends oft die kleinen Mädchen lachen und im Flur einen Ball prellen hören und daß der Sohn der jetzigen Besitzer mit vier Jahren ständig von seinen »kleinen Schwestern« gesprochen hat, obwohl er in Wirklichkeit gar keine kleinen Schwestern hatte, und einmal habe er zu seiner Mutter gesagt: »Mama, sag meinen Schwestern, sie sollen nicht oben an der Decke spielen.« Ty erzählt uns von den Männern, die an der Tankstelle auf der anderen Straßenseite gesessen und gesehen hätten, wie zwei kleine Mädchen in langen Kleidern einen Reif bis ans Ende der Auffahrt getrieben hätten und dann verschwunden seien. Er erzählt uns, daß Chloe immer noch durch die Flure und die Gärten von The Myrtles wandert und auf die Gespenster der kleinen Mädchen aufpaßt, die sie versehentlich mit umgebracht hat.

Ich stehe auf und schleiche aus dem Haus, streife durch das Gelände und rufe fast tonlos: »Chloe? Chloe?«, bis ich mich so fürchte, daß ich es nicht länger draußen aushalte. Ich eile die Treppe hinauf, krabble wieder ins Bett und freue mich, daß ich verheiratet bin und nicht alleine im Zwillingszimmer auf The Myrtles schlafen muß. Ich setze dazu an, Sarah zu fragen, ob sie wach ist, weil ich hoffe, daß sie durch die Frage wach wird, als ich mich zu ihr Shelly sagen höre, den Namen meiner verstorbenen Schwester.

Später höre ich aus dem Nebenzimmer das leise Liebesstöhnen der Anwaltsfrau. Am nächsten Morgen höre ich sie sagen: »Ach, Schatz, ich muß unbedingt aufhören zu trinken. Ich trinke einfach zuviel.« Beim Frühstück ist der Anwalt mehr oder weniger stumm. Der Stock-Car-Rennfahrer und die Frau des Stock-Car-Rennfahrers schwören, sie hätten Schritte auf dem Flur vor ihrer Tür gehört, und zeigen uns ein zusammengeknülltes Papiertaschentuch, das sie gefunden haben und das nicht da gewesen war, als sie ins Bett gingen.

Diese Weihnachten wird Shelly schon länger tot sein, als sie je gelebt hat. Als sie starb, war ich achtzehn. In meiner Phantasie ist sie noch immer siebzehn. Wenn wir uns wiedersehen könnten, würde sie vermutlich fragen: »Was ist denn mit dir passiert?«, und ich würde antworten: »Mir sind die Haare ausgefallen.«

Sarah hat den Strohhut aufgesetzt, den sie auf Reisen gern trägt. Sie lächelt. »Das war's«, sagt sie, »und uns ist nichts Schlimmes passiert.«

Ich sage: »Stimmt. Uns ist nichts Schlimmes passiert.«

Die Luft aus der Klimaanlage in unserem alten Auto fühlt sich in der Morgenfrische kühl an. Ich halte prüfend die Hand vor die Schlitze und würde gern glauben können, daß sie funktionieren wird. Unser nächster Halt ist Tuscaloosa in Alabama, wo ich nach meinem ersten Abschluß weiter studiert habe, wo ich ein Jahr zu lang blieb und mich mit Alkohol beinahe ins Verderben gestürzt hätte; wo ich mich im letzten Augenblick zusammenriß und statt auf die Finsternis auf das hellste Licht zuging, das ich sehen konnte: Sarah. Sie schlägt den Autoatlas auf und legt ihn auf ihrem Schoß bereit. Ich bin plötzlich von Hoffnung erfüllt. Ich kann mir nicht vorstellen, daß ich jemals sterben werde. Wir sind eigentlich auf Gespenstersuche, aber mir scheint auf einmal, daß eine gute Geschichte auch reichen wird. Sarah zeigt mir Tuscaloosa auf der Karte. Sie sagt: »Okay, auf geht's.« Wir fahren los, tauchen in die knorrige Eichenallee ein und treffen am Ausgang zur Landstraße auf fünf Truthahngeier, die konzentriert über einem verstümmelten Kadaver hocken. Ich drücke auf die Hupe und biege nach rechts ab, hinaus in die verspukte Welt.

Ein ausgetretener Pfad

Die Kirche von Rock Springs, in die ich als Junge ging, steht von blauen Bergen umgeben auf dem Kamm einer Hügelkette im Westen von North Carolina. Die Gemeinde hatte vierzig eingetragene Mitglieder, doch an einem gewöhnlichen Sonntag nahm nur etwa die Hälfte am Gottesdienst teil. Ich war fast mit allen, die dort in die Kirche kamen, verwandt. Die kleine Gemeinde nahm das Liedersingen zwar von Herzen ernst, verfügte aber über geringes musikalisches Talent. Meine Mutter, die als einzige in der Gemeinde als Kind ein Jahr Klavierunterricht gehabt hatte, war unsere Dirigentin und Pianistin. Der Chor bestand aus fünf Frauen, von denen zwei fast taub waren. Mamas Liedauswahl beschränkte sich der Not gehorchend auf die wenigen Lieder, von denen sie sicher war, daß sie sie auf dem Klavier beherrschte und daß die Gemeinde in der Lage war, sie zu singen. Als ich zum erstenmal mit einer Freundin einen Gottesdienst in der Episkopalkirche meiner Heimatstadt besuchte, war ich bestürzt: von der Komplexität der Melodien, die der Organist spielte, von der schieren melodischen Kompetenz des Gesangs. Bis dahin hatte ich, glaube ich, keine Ahnung gehabt, daß es tatsächlich möglich war, Gott in den Kadenzen und Tonlagen zu huldigen, die in einem Gesangbuch angegeben waren.

In den Jahren seit meinem Weggehen hat die Kirche von

Rock Springs eine Klimaanlage, eine Lautsprecheranlage und einen Gemeindesaal hinzubekommen, aber in einer wichtigen Hinsicht hat sich wenig geändert. Die Gemeinde liest ihre Lieder immer noch aus den grünen, abgegriffenen Gesangbüchern, dem *Broadman Hymnal* von 1940, ab. Obwohl ich diese Lieder nur einmal im Jahr schön gesungen gehört habe, zum Heimatfest am dritten Sonntag im Mai, wenn die Kirche von Besuchern überquoll und unsere musikalische Unzulänglichkeit von jubelndem Gesang übertönt wurde, sind es zeitlebens die Lieder geblieben, die mir die liebsten sind. Ich müsste passen, wenn man von mir verlangte, mich auch nur an einen Satz aus den Hunderten von Predigten zu erinnern, die ich als Heranwachsender in Rock Springs gehört habe, aber von jedem Lied, das wir aus dem *Broadman* gesungen haben, kann ich noch wenigstens eine Strophe auswendig.

Die Gemeinde von Rock Springs war eine würdige, reservierte Schar, im Unterschied zu den lauten, ungebärdigen Pfingstgemeindlern, die ebenfalls im Ort lebten und mit denen sie keinesfalls verwechselt zu werden wünschten. So kam es in unserer Kirche höchst selten vor, daß man jemanden während der Predigt auch nur laut ein Amen sagen hörte. Das gab es nur bei den sommerlichen Erweckungstagen, wenn eine Woche lang jeden Abend ein Gastprediger sprach und der Heilige Geist durch die offenen Fenster hereinschlich und sich leise durch die heiße, schwüle Luft bewegte. In der Erweckungswoche gestatteten es sich selbst die zurückhaltendsten Mitglieder der Gemeinde mindestens einmal, sich vom Heiligen Geist ergreifen zu lassen. Geistige Erneuerung war für die Leute in Rock Springs so notwendig wie das Atmen, doch wie die Gespräche unter vier Augen, die sie mit den ihnen Angetrauten führten, war sie etwas, das sich in ihrem Leben nicht auf schickliche Weise ansprechen ließ. War die Erweckungswoche vorüber, nahmen die Männer und Frauen, die ich am besten kannte, durch göttliche Gnade für das nächste Jahr gefestigt, einfach wieder ihre Arbeit auf. Und falls sie in der Zeit zwischen den jährlichen Erweckungstagen Glaubenskrisen durchlitten oder ihnen Zweifel kamen, ob der eingeschlagene Pfad für sie der richtige war, so habe ich so etwas nie jemanden sagen hören.

Als von Natur aus vorsichtige Menschen sangen wir in der Baptistengemeinde von Rock Springs das traditionelle Einladungslied zum Abendmahl »Just As I Am« nur in der Erweckungswoche, wenn die erwartungsgemäß durch das Lied ausgelösten öffentlichen religiösen Emotionsäußerungen durch den offiziellen Rahmen legitimiert waren. Für unser Empfinden war das Lied mit seiner Macht, die Mauern niederzureißen, hinter denen wir unser geheimstes Herz verbargen, ebensowenig für hellichte Sonntagvormittage geeignet wie Händeklatschen zur Musik oder Reden in fremden Zungen. Selbst während der Erweckungswochen verwendete meine Mutter es sparsam, ähnlich wie ein Arzt, der ein Mittel verschreibt, dessen Giftigkeit fast so gefährlich ist wie die Krankheit, gegen die es eingesetzt wird.

Während der Erweckungswoche in dem Sommer, als ich acht war, mischten sich eines Abends in der Finsternis meines sündigen Herzens auf einmal Text und Musik von »Just As I Am« mit der Predigt des fremden Pastors, und in mir entbrannte die übermächtige Liebe Jesu Christi. Ich klammerte mich an die Bank vor mir, hin- und hergerissen zwischen dem Wunsch, nach vorne zu gehen, wo der Pastor wartend stand, um alle jene zu empfangen, die dem Ruf Jesu folgen wollten, und dem Wunsch, hinten zu bleiben, weil ich mich fürchtete. Ich war mir nicht bewußt, daß mein innerer Kampf von außen sichtbar war, bis das Paar neben mir Platz machte, um mich in den Gang hinauszulassen. Ich ging durch die Kirche nach vorn, durch Musik, in der Gott lebte und sprach, mit dem Gefühl, vor Gott und in den Augen der Menschen, die ich zeitlebens kannte, unendlich klein zu sein. Unser Pastor beugte sich zu mir herab, und ich flüsterte ihm ins Ohr, ich wolle, daß Jesus Christus mein Erlöser sei. Daß ich in jenem Sommer nicht getauft wurde, lag nur daran, daß der Gastprediger, an dessen Gesicht und Worte ich keine Erinnerung mehr habe, meine Eltern davon überzeugte, daß ich noch zu jung war, um zu wissen, was ich tat.

Vier Jahr später, als ich zwölf wurde und damit das Alter erreichte, in dem nach dem Glauben der Baptisten die Rechenschaftspflicht einsetzt und Gott über die Sünden ihrer Kinder buchzuführen beginnt, wollte ich weder etwas mit Jesus noch Erweckungen zu tun haben. Ich wollte von allen in Ruhe gelassen werden. Am ersten Abend der Erweckungswoche hielt ein anderer Gastprediger, an dessen Aussehen und Botschaft ich mich ebenfalls seit Jahren nicht mehr erinnere, eine Predigt, in der er den lebendigen Gott anrief, seinen unverwässerten Geist über unseren Häuptern auszugießen. Als meine Mutter zum Ende des Gottesdienstes die ersten Töne von »Just As I Am« anspielte, stieß die Gemeinde ein kollektives Schluchzen aus und strömte geschlossen den Gang hinunter zum Altar. Mama verließ das Klavier, so daß die Gemeinde ohne Begleitung weitersingen mußte. Alle sangen die erste Strophe aus dem Gedächtnis immer noch einmal, weil sie die Gesangbücher in den Bänken gelassen hatten. Ich blieb mutterseelenallein hinten in der letzten Bank sitzen. Ich war der einzige aus der ganzen Gemeinde, der nicht zum Altar ging, um mein Leben dem lieben Herrn Jesus zu weihen oder den Schwur zu erneuern. Wieder spürte ich den mächtigen Zug zu Gott aus dem Lied, diesem Sirenenlied von der vollkommenen Liebe des Herrn, aber diesmal entzündete es meinen Zorn. Gott und Rock Springs hatten mich früher nicht gewollt, ich hatte nicht vor, den Fehler zu machen, mich ihnen noch einmal anzudienen. Was ich von jenem Abend am deutlichsten behalten habe, ist der Anblick meiner beiden Großmütter auf den Knien, wie sie weinen und flehen, daß ich mit ihnen zum Altar kommen soll. Sie fürchteten, ich könnte sterben, ohne erlöst worden zu sein, so daß ich in alle Ewigkeit aus der Hölle zu Gott flehen müsste, er möge mich erlösen. Ich bin nicht mitgegangen, obwohl ich, als sie die Arme nach mir ausstreckten und meinen Namen riefen, am liebsten mitgegangen wäre. Ich machte die Augen zu und schüttelte den Kopf hin und her und hin und her, bis die Gemeinde endlich zu singen aufhörte und der Pastor uns in die Nacht entließ.

Meine Großmutter Earley war eine winzige, harsche Person, die sowohl großer Liebe als auch tiefen Hasses fähig war. Sie liebte meinen Vater, ihr Söhnchen, über alles, aber an seinem Hochzeitstag schwor sie, meiner Mutter nie zu vergeben, daß sie ihn geheiratet hatte. Und sie hielt Wort. Sie hatte schon vor meiner Geburt aufgehört, in die Kirche von Rock Springs zu gehen, weil jemand sie auf dem Kirchhof beleidigt hatte, und brach erst mit diesem Entschluß, als ich schon auf der High School war. Aber nebenbei war sie eine fromme Christin und im Ort als eine Frau angesehen, zu der Gott sprach. Die Leute brachten ihr Fragen an Gott, auf die sie dringend eine Antwort brauchten. Wenn sie in Sorge war, betete sie ohne Unterlaß, bis Gottes Antwort ihr klar vor Augen stand. Kam die Antwort nicht, jagte sie alle aus dem Haus, als störe ihre Gegenwart Gottes herabstrahlende Signale, und verzog sich dann in den Wandschrank, wo sie stundenlang in der dunklen Stille betete. Manchmal ging sie auch in den Wald am Fluß und kniete sich unter die Lorbeerbäume, bis Gott ihr ein Wort bescherte, das sie wiederholen konnte, wenn sie die Augen wieder öffnete.

Granny Earley verbrachte den größten Teil ihres Lebens auf einer roten Farm in den Hügeln eine Meile unterhalb von Rock Springs, voll Frustration über den mangelnden Ehrgeiz meines Großvaters. Paw-paw Earley war mit dem zufrieden, was ihm und seiner Frau von Gott beschieden war, doch Granny brachte seine Bereitschaft, sich mit ihrem Leben abzufinden, wie es war, zur Weißglut. Ihre Farm war, ohne Grannys Verschulden, ein klassischer Ein-Maultier-Betrieb. Sie hielten Hühner und ein Schwein und eine Milchkuh, sie ernährten das Vieh und sich selbst mit dem, was sie von ihren Feldern ernteten. Sie bepflanzten ein kleines Feld mit Baumwolle, um Geld für die Dinge zu verdienen, die sie nicht selber ernten oder herstellen konnten. Mein Vater und seine Brüder arbeiteten mit ihnen auf dem Feld, bis sie alt genug waren, von zu Hause wegzugehen. Weil die Farm klein und der Boden schlecht war, konnten sie nie etwas sparen, das sie reicher oder auch nur ein wenig solventer machte als im Jahr zuvor. Granny betete unablässig, daß die kleine Welt ihrer Familie intakt bleiben möge.

Als mein Vater noch ein Kind war, ging eines Jahres im Herbst mehrere Wochen zu früh ein bitterkalter Wind. Die Sonne ging hinter den Bergen unter, und Frost lag in der

Luft. Granny hatte die grünen Stangenbohnen in ihrem Garten noch nicht gepflückt. Die Bohnen, die sie jeden Herbst einkochte, waren das einzige grüne Gemüse, das die Familie bis zum nächsten Frühjahr zu essen hatte, doch in jenem Jahr traf sie der verfrühte Frost unvorbereitet. Ihr ging einfach die Zeit aus. Der Himmel wölbte sich klar und violett über den schwarzen Bergen, als die Familie von den Feldern kam. Paw-paw holte einen Armvoll Holz herein und machte Feuer im Herd. Granny lief in der guten Stube unruhig im Kreis herum. Sie konnte sich nicht damit abfinden, die Bohnen zu verlieren. Sie sagte Paw-paw, sie müsse mit Gott reden. Sie ging in die Dämmerung hinaus, über die Weide zum Wald. Ein paar Stunden später kam sie steifgefroren zurück und verkündete, Gott habe gesagt, er werde ihr noch einen Tag geben.

Am nächsten Morgen sah Vater beim Anziehen in seinem Zimmer, wie sein Atem sich als Dampf niederschlug. Seine Fensterscheibe war mit funkelnden Eisblumen bemalt. Draußen glitzerte die bereifte Welt in der frühen Sonne, und als er mit Granny den Weg zum Garten hinauflief, knirschte das Gras unter seinen Füßen. Im Garten war alles tot, vom Frost verbrannt, außer Grannys Bohnen. Die Bohnenreihen hoben sich als lebhafte grüne Linien vom weißen Feld ab. Granny pflückte vormittags sämtliche Bohnen im ganzen Garten und kochte sie noch am gleichen Nachmittag ein. In der Nacht legte sich erneut Frost über den Hügel und tötete die leergeernteten Ranken. »Eins will euch sagen«, betont mein Vater, »ich habe es mit eigenen Augen gesehen.«

Wenn ich als kleiner Junge im Sommer bei Granny und Paw-paw Earley zu Besuch war, schlief ich auf einem Klappbett im Wohnzimmer. Vom Wohnzimmer konnte ich in ihr Schlafzimmer sehen. Ich beobachtete jeden Abend, wie Granny das Licht löschte und sich neben das Bett kniete. Sie verschränkte die Hände auf der Matratze und legte das Haupt auf die Hände. Sie betete stumm und ohne sich zu regen, wie mir schien stundenlang. Ich versuchte mich wach zu halten, um zu sehen, wie lange sie betete – ich brauchte nie länger als eine Minute zum Beten, und ich wollte wissen, um wieviel meine Gebete zu kurz waren –, aber ich schlief jedesmal ein, bevor sie Amen sagte.

Eines Nachts erwachte ich aus einem Traum und sah Granny immer noch neben dem Bett knien. Ich wußte nicht, wieviel Zeit vergangen war, hatte jedoch das Gefühl, schon einen weiten Weg durch die geheime Tiefe der Nacht zurückgelegt zu haben. Paw-paw schnarchte leise. Draußen vor den Fenstern funkelten die Sterne. Die schwarzen Silhouetten der dichtbelaubten Sommerbäume hoben sich scharf vom Himmel ab, die samtige ländliche Dunkelheit war vom rhythmischen Sägen der Insekten erfüllt. Granny, so ging mir mit einem Schlag auf, war tot. Noch nie war ich meiner Sache so sicher gewesen. Ich verging vor Angst und wußte nicht, was ich tun sollte. Ich hatte noch nie einen Toten gesehen. Ich hätte gern Paw-paw geweckt, aber ich hatte Angst, im Dunkeln an Granny vorbeizugehen. Ich machte den Mund auf und wollte ihn rufen, aber die Dunkelheit verschluckte den kleinen Laut, der in mir aufsteigen wollte. Ich faltete die Hände unter dem Kinn und betete, indem ich die Worte im Kopf formulierte, ohne sie jedoch laut auszusprechen: »Bitte, lieber Gott, laß Granny nicht tot sein. Bitte, laß Granny nicht tot sein.« Ich hatte nicht länger als eine Minute gebetet, als Granny sich langsam aufrichtete. Sie legte die Hände flach auf die Matratze und drückte sich steif hoch. Sie drehte sich um und richtete ihren Blick ins Wohnzimmer auf mich. Ihr Gesicht leuchtete schwach im Dunkeln, es veränderte und bewegte sich, während ich ihm entgegenblinzelte. Die schwarzen Löcher von Mund und Augen verzogen sich zu einem Lächeln. Ich zog mir das Laken über den Kopf, vor Angst darüber, was ich vollbracht hatte, und vor der Macht, die ich mit meinem Gebet aus der Nacht herbeigerufen hatte.

In meinem zweiten Jahr auf dem College beschloß ich eines Sonntagabends während eines Eissturms, meinem Leben ein Ende zu machen. Ich war kurz davor, in allen Fächern durchzufallen, und aus meinem Studentenjob sollte ich auch entlassen werden. Im Jahr zuvor war meine Schwester gestorben, und ich konnte nicht begreifen, wieso ich noch lebte. Ich konnte mir nicht vorstellen, das Ende des Tages zu erleben, der mir bevorstand. Die Pinien vor meinem Zimmer im Wohnheim beugten sich unter einer schweren, gefrorenen Last. Von Zeit zu Zeit löste sich ein Ast mit einem hellen, reißenden Knacken. Hagel prasselte an mein Fenster. Ich konnte nicht warm werden, ich konnte nicht einschlafen. Ich stand auf, zog mich an und schob mir meine Taschenbuchausgaben von J. D. Salingers Büchern in die Parkataschen. Ich sagte meinem Mitbewohner, ich wolle mal raus und würde bald wieder zurück sein. Mein Plan war, auf den kleinen Berg hinter dem Fußballfeld zu steigen, den das Crosslaufteam »Suicide Ridge« getauft hatte, meinen Parka auszuziehen und mich unter einen Baum zu legen.

Der Weg zum Suicide Ridge führte an der Kapelle des College vorbei, und sie stand schemenhaft und dunkel unter den vereisten Bäumen zu meiner Linken. Sie war presbyterianisch, ein moderner Bau aus Stein und hellem Holz mit tief heruntergezogenem Dach. Ich hatte dort noch nie einen Gottesdienst besucht. Als ich an der Kapelle vorbeikam, schwenkte ich abrupt um, stieg die vereisten Stufen hinauf und trat ein. Ich dachte nicht darüber nach, was ich tat. Ich erinnere mich nicht daran, überhaupt irgend etwas gedacht zu haben. Der Kirchenraum war warm und still. Ich setzte mich rechts des Ganges in eine Bank, ungefähr auf halbem Weg zum Altar. Ich machte meinen Parka auf. Hinter dem Altar schwebte vor einer Mauer, von hinten mit Leuchtstofflampen angestrahlt, das hohe, hölzerne Kreuz. Während ich auf das Kreuz starrte, brach aus meinem Innern eine gigantische Wut hervor. Laut verfluchte ich Gott. Ich schrie. Ich brüllte sämtliche Schimpfnamen heraus, die mir in den Sinn kamen. Ich forderte ihn heraus, sich einem Kampf mit mir zu stellen oder mich augenblicklich tot niederzustrecken.

In dem Moment hörte ich ein Geräusch, ein leises hölzernes Bumsen, hinter und über mir, das wie ein verstohlener Schritt klang. Gott versteckte sich auf der Chorempore. Ich rannte nach hinten und stolperte die steile Holztreppe hinauf. Die Chorempore war leer, doch an der hinteren Wand sah ich eine in die Täfelung geschnittene Tür, fast unsichtbar, wie ein Eingang zu einem Geheimgang. Ich hörte noch ein Bumsen, diesmal hinter der Tür. Gott versuchte zu entkommen. Ich riß die Tür auf, trat hindurch und zog sie hinter mir zu. Ich war noch nie an einem so finsteren Ort gewesen. Der Lichtschalter, den ich fand, funktionierte nicht. Irgendwo zu meiner Linken hörte ich einen einzelnen, gedämpften Schlag, wie von einem Knöchel an der Wand. Ich tastete mich an der Wand entlang, bis ich eine kleine Tür fand. Ich drehte den Knauf herum und betrat ein Zimmer, in dem es genauso finster war wie in dem Gang, aus dem ich gerade gekommen war. Ich blieb still stehen und lauschte. Das einzige Geräusch kam von meinem eigenen Atmen, aber ich wußte auch, daß Gott mit mir im Raum war. An guten Tagen weiß ich es immer noch. Ich bildete mir ein, daß er mich auslachte, und verfluchte ihn dafür, daß er sich versteckte. Mit tastenden Händen ging ich weiter in den Raum hinein und versuchte ihn zu finden. Bei jedem Schritt rechnete ich damit, seine Brust zu berühren, sein gleichgültiges Herz unter meinen Fingern schlagen zu spüren; rechnete ich damit, in der Finsternis sein altersgraues Gesicht zu berühren. Manchmal, wenn ich einen schlechten Tag habe, kommt mir der Gedanke, ich könnte ihn aus dem Rausch einer Psychose fabriziert haben. Vier schwarze Zimmer, zwei auf jeder Seite des Flurs, entdeckte und erforschte ich in jener Nacht. Die ganze Nacht hindurch jagte ich Gott wutschäumend durch die Finsternis. Ich jagte ihm nach, bis mir die Erschöpfung schließlich die Wut aus dem Körper preßte. Als ich zu fluchen aufhörte und zu weinen anfing, ging ich durch die Geheimtür zurück auf die Chorempore und die Treppe hinunter in den Gottesdienstsaal. Ich nahm wieder in derselben Bank Platz, in der ich Stunden zuvor gesessen hatte. Das Kreuz schwebte immer noch über dem Altar. Ich machte den Reißverschluß an meinem Parka zu und streckte mich auf der Bank aus. Kurz vor Tagesanbruch wachte ich wieder auf. Ich ging durch den Gang nach draußen und blieb vor der Kapelle stehen und betrachtete die Welt um mich herum. Während der Nacht war es wärmer geworden, und das Eis auf den Bäumen war größtenteils getaut. Ich ging durch stetigen Regen und dichten Nebel zu meinem Wohnheim zurück. Dort kroch ich ins Bett und schlief ein.

Freunde haben mich gebeten, Taufpate ihrer Tochter Jessie zu werden. Einerseits rührt mich das Vertrauen ihrer Eltern in mich, andererseits habe ich den Eindruck, dazu denkbar ungeeignet zu sein. Ich war ein wütender, übelnehmerischer, unversöhnlicher Baptist. Ich besuchte den Gottesdienst in der Episkopalkirche zunächst nur, um einem Mädchen zu imponieren, und wiederholte die Besuche, weil mir die verbotene päpstliche Theatralik des Gottesdienstes so gefiel. Ich liebte den Duft von Weihrauch genauso wie den Geruch von Bier, und vermutlich aus denselben Gründen. Die traurige Wahrheit ist, daß ich Christen im Grunde nicht mag, vor allem dann nicht, wenn sie als Gemeinde auftreten. Meinem Eindruck nach ist es, wo immer zwei oder drei im Namen Gottes versammelt sind, nur eine Frage der Zeit, bis die Fetzen fliegen. Der Anblick einer halben Million Christen beim gemeinsamen Gebet in Washington hat mich mit Grauen erfüllt. Ich stelle immer wieder fest, daß die Kirchen, die ich besuche, mit Menschen gefüllt sind, die genauso übellaunig, scheinheilig, vorurteilsfreudig und zänkisch sind wie ich, und ich bin von ihnen jedesmal genauso enttäuscht wie von mir.

Und jetzt soll ich also Pate werden und die Aufgabe erfüllen, ein Kind zum Glauben zu führen – immerhin, wenn sonst nichts, ein Beweis, daß Gott einen Sinn für Humor hat. Jessie ist ein entzückendes kleines Mädchen von fünf Monaten, das begeistert in die Welt hinaus strahlt, wie sie sich ihr präsentiert. Ein vorbeizottelnder Hund oder eine fremde Person, die sich über sie beugt, zaubert helle Freude in ihr Gesicht. Sie kennt in der Welt nichts als Gutes, und ich verbringe viel Zeit damit, mich zu fragen, was ich ihr eines Tages erzählen soll. Vermutlich sollte ich ihr zuerst einmal sagen, daß ich an Gott glaube. Ich zweifle an fast allem, einschließlich der Motive sämtlicher Glaubensverbände und der journalistischen Integrität der Evangelien, aber ich glaube daran, daß ich von einem Gott behütet werde, der mich liebt und der mich aus Gründen, die nur er allein kennt, in all den Jahren, in denen ich sterben wollte, am Leben gehalten hat. Ich werde ihr sagen, daß ich keine Ahnung habe, wie ich nach Gottes Willen handeln soll, aber daß jedesmal, wenn ich in eine verzweifelte Lage gerate, gewöhnlich durch eigenes Verschulden, sich ein Weg vor mir auftut, ob ich darum gebetet habe oder nicht. Ich werde Jessie sagen, daß ich mittlerweile darauf vertraue, daß sich dieser Weg auftun wird, und daß ich weitermache, weil ich daran glaube. Ich werde ihr sagen, daß ich mich, sooft ich daran denke, dafür bedanke. Von daher werde ich meiner Patentochter also vermutlich sagen, daß sie immer hübsch danke und bitte sagen soll.

Wenn Jessie alt genug ist, werde ich ihr von der Finsternis erzählen, in die ich manchmal geraten bin, und davon, wie ich mich und andere mit meiner Wut verletzt habe. Ich werde ihr von den Jahren erzählen, in denen ich mich zu überreden versucht habe, daß ich Atheist bin, und mich mit dem zielstrebigen Eifer eines Saulus über Christen lustig gemacht habe. Ich werde ihr von der Nacht erzählen, in der Gott mich aus dem Eis in sein Haus gelockt hat. Ich werde ihr erzählen, daß sie sich davor hüten soll, zuviel Bier zu trinken, vor allem, wenn Jungen dabei sind. Jessie wohnt in den Bergen von Tennessee, und ich stelle mir gern vor, daß wir über die Höhen in der Nähe ihres Hauses wandern werden, bis wir an eine Stelle kommen, von der wir eine weite Aussicht haben, vielleicht sogar bis zu den blauen Bergen von North Carolina. Ich werde ihr erzählen, daß es draußen in der weiten Welt Leute geben wird, die sie lieben, und

Leute, die ihr weh tun, und manchmal beides zugleich. Ich werde ihr davon erzählen, wie Granny Earley mich liebte und mich gleichzeitig gegen meine Mutter einzunehmen versuchte. Und ich werde ihr erzählen, daß ich selten die Kraft finde, den Leuten zu vergeben, die mir weh tun; daß ich eine Vielzahl kleiner Abneigungen hege und genieße und daß ich mich dessen schäme. Auf dem Heimweg werde ich ihr Giftsumach zeigen und ihr erklären, daß in unserer Gegend der Erde die Blätter sämtlicher giftiger Pflanzen in Dreiergruppen daherkommen. Ich werde ihr erklären, daß alle Giftschlangen in unserer Gegend der Erde dreieckige Köpfe haben und daß die einzige Ausnahme, die Korallenschlange, ebenfalls unverwechselbare Kennzeichen besitzt. Ich werde ihr erklären, daß solche Dinge Wunder sind, die zugleich daran erinnern, daß wir in einer gefallenen Welt leben, und uns zeigen, wie groß die Liebe Gottes ist. Ich werde Jessie sagen, daß wir auf unseren Wegen durch die Welt, selbst auf den gefährlichen, die wir selber wählen, von Gottes Sorge begleitet sind.

Grannys Brücke

1953, als er sechzehn Jahre alt war und die Kellnerin im Diner an der Straße nach Lake Lure ihm gerade das Herz gebrochen hatte, lief mein Vater von zu Hause fort. Zusammen mit zwei seiner Kumpel verließ er die roten Lehmfarmen und die roten Matschwege von Polk County in North Carolina und setzte sich nach Florida ab. Florida war damals überwiegend von Mädchen bewohnt – Mädchen in Badeanzügen, die frischgepreßten Orangensaft tranken und für Jackie Gleason tanzten und sich in Cypress Gardens zu zwölft auf Skiern hinter großen Booten übers Wasser ziehen ließen –, und mein Vater und seine Kumpel hatten einen Plan: Sie wollten die Zeiten des Latzhosentragens, Düngerschleppens und Gott-ich-halt-es-nicht-mehr-aus-Ernest Tubb-im-Radio-zu-hören einfach auf der Landstraße hinter sich abspulen lassen. Wenn sie die Grenze nach Florida überquerten, würden sie Männer sein, coole Burschen mit Sonnenbrillen und James-Dean-Hosen und rosa Hemden, und mit Ducktails bis hier. Sie würden Arbeit finden – als Rettungsschwimmer vielleicht –, und um Mädchen zu finden, nun, da brauchten sie nur die Tür aufzumachen und in die Sonne rauszutreten.

Als mein Vater und seine Kumpel vermißt wurden, meldete sich Dads Ex-Freundin (meine Mutter, die in seiner Gunst vorübergehend durch die Kellnerin im Diner an der

Straße nach Lake Lure ersetzt worden war) und enthüllte, wohin sie hatten fliehen wollen. Sie hatte in Buster Wilsons Laden aufgeschnappt, wie sie über ihren Plan redeten. Der bis dahin nebelhafte, mit Kummer und Sorge vermischte Zorn meiner Großmutter Earley verdüsterte sich zu einer wirbelnden, hysterisch sprühenden Wolke, die nur in eine Richtung wehen konnte: nach Florida. Sie nahm die Mutter von Kumpel Nummer eins ins Schlepptau und bestieg einen Bus nach Süden.

Granny Earley wurde 1904 im Flecken Rock Springs in Polk County als Odessa Searcy geboren. Zwar konnte man von jeder erhöhten Stelle in Polk County sehen, wo der Rest der Welt begann, doch von der erhöhten Stelle in diese Welt hinauszufinden, lag damals für die meisten Leute in der Gegend außerhalb jeder Möglichkeit. Rutherfordton, die nächste Stadt von einer Größe, die die Bezeichung tatsächlich verdiente, lag zwanzig Meilen über unbefestigte Straße entfernt, eine Tagesreise mit dem Pferdewagen, und obwohl die Stadt über einen Eisenbahnanschluß mit der Welt verbunden war, war sie kaum ein Zentrum der Zivilisation zu nennen. Noch in den sechziger und siebziger Jahren, als ich dort aufwuchs, war die Bevölkerung auf bloße dreitausend angewachsen. Ihrer Armut und der Abgeschiedenheit zum Trotz wuchs Granny mit einem scharfen Bewußtsein dafür auf, daß hinter den Bergen *Perspektiven* winkten, daß es draußen in der Ferne Dinge gab, Dinge, für die sie nicht einmal einen Namen hatte. Sie besaß eine schnelle, bisweiligen listige Intelligenz und einen ungerichteten, fast pathologischen Ehrgeiz, der sich für das Gefäß, das ihn barg, letzten Endes als unnütz, wenn nicht gar schädlich erwies. Daß sie kaum je aus den fünf Quadratmeilen herauskam, in denen sie mit Ausnahme einer Handvoll von Tagen ihre gesamten achtundsiebzig Jahre verlebte, blieb lebenslang ein Quell cholerischer Frustration. »Sie hatte Feuer im Bauch«, sagt mein Vater, »aber sie hat ihr Leben auf einem roten Lehmhügel verbracht und den Boden verflucht.«

Grannys Eltern, Romeo und Sarah Searcy, waren fromme Baptisten und halb-analphabetische Farmer, die zeitlebens so dicht am Rand des Abgrunds existierten, daß ein krankes Maultier oder ein trockener Sommer sie ins Verderben gestürzt hätte. »Bei mein tot«, schrieb ihre Mutter in einem Brief, den sie in die Familienbibel legte, »sol dise bibel odssa haben von ire Mutter mit ire libe von Mutter.« Sie nahmen Granny nach fünf Jahren von der Zwergschule in Rock Springs, weil sie überzeugt waren, daß sie alles gelernt hatte, was ein Mädchen wissen mußte. Als sie dreizehn oder vierzehn war, schickten sie sie nach Spartanburg in South Carolina in eine Textilfabrik zur Arbeit, erfuhren aber bald darauf, daß Samstag abends in der Fabrik zum Square Dance aufgespielt wurde, und holten sie wieder nach Hause. Zurück in Polk County wählte Granny die beste der beschränkten Möglichkeiten, die sich vor ihr auftaten: Sie heiratete einen gutaussehenden Mann. Charlie Earley war klein, aber außerordentlich stark für seine Größe und hatte vor nichts in dieser Welt Angst außer davor, Schulden zu machen. Eines Sonntags, nachdem sie achtzehn geworden war, an dem Tag, als die Heiratserlaubnis ablief, die sie sich heimlich besorgt hatten, schlichen sich meine Großeltern nach der Kirche davon und ließen sich trauen. Später am selben Nachmittag ertappte eine Schwester von Granny meinen Großvater mit seiner Hand in Grannys Bluse und verpetzte die beiden. (»Er hat an meinen Nuckeln gespielt«, war Grannys Formulierung.)

Als Granny sich weigerte, sich von dem Mann loszusagen, den ich gut vierzig Jahre darauf als Paw-Paw Earley kennenlernte, legte sich meine Urgroßmutter Searcy krank ins Bett und verkündete, sie müsse sterben. Granny aber blieb standhaft, und nach einigen Tagen beschloß meine Urgroßmutter, daß sie doch nicht sterben müsse, erhob sich aus dem Bett und lebte noch vierzig Jahre weiter.

Während der Zeit, als er meine Großmutter freite, hatte mein Großvater eine Farm gepachtet und verdingte sich zusätzlich gegen Lohn in Sägewerken und gelegentlich in Schnapsbrennereien. Außerdem brachte er in die Ehe einen Grundwiderspruch mit, der eigens dazu erfunden schien, in meiner Großmutter einen Zorn zu nähren, der sechsundfünfzig Jahre lang sporadisch immer wieder aufflammte: War er einerseits ein guter, ehrlicher Mann, der zu gewaltigen Kraft- und Arbeitsleistungen fähig war, so ging ihm andererseits jeder Ehrgeiz ab. Nach ihrer Heirat weigerte sich Paw-Paw, einen eigenen Hof zu kaufen, weil er dazu hätte Geld borgen müssen. Statt dessen zogen er und Granny von einer Pächterhütte in die nächste, bis sie kein Essen mehr kochte und damit drohte, ihn zu verlassen. Mit hungrigem Bauch borgte er sich Geld von einem Onkel und kaufte eine kleine, mit Ach und Krach rentable Farm auf einem Hügelkamm, die er den Rest seines Lebens ohne nennenswerten Effekt bewirtschaftete. »Ich bin früher so wütend auf ihn geworden, daß ich einfach mit den Fäusten auf ihn eingeprügelt hab«, erzählte mir Granny kurz vor ihrem Tod. »Ich hab auf ihn eingedroschen, bis er meine Hände genommen hat und gesagt hat: ›Jetzt hör mal. Es reicht, Mama.‹« Bis in die späten fünfziger Jahre arbeitete Paw-Paw mit Maultieren, dann kaufte mein Vater, der nach der High School in einer Textilfabrik arbeiten ging, einen Traktor für die Farm.

Als ich ins High-School-Alter kam, war Grannys Ehrgeiz zu einer Form trauriger Duldung geronnen. Ihren Gang, ihre Art zu reden und ihr Auftreten hatte sie an ihrer Vorstellung davon ausgerichtet, wie sich eine reiche Frau – eine Dame der Gesellschaft – verhalten würde. Jahrelang färbte sie sich die weißen Haare schwarz, bis sie sich gegen Ende ihres Lebens allmählich einem seltsamen, chemischen Kastanienbraun näherten. Sie stellte ihre Kleidung zu Farbkombinationen zusammen, über die man bei einem Paradiesvogel gestaunt hätte. Sie trug extravagante Hüte und aufwendigen Modeschmuck, stolzierte die Hauptstraße auf und ab und machte in Kaufhäusern Szenen. Wenn man ihr unversehens in der Öffentlichkeit begegnete, gewann man bisweilen den Eindruck, in ein Kostümstück geraten zu sein, bei dem man keine Ahnung hatte, worum es ging. Noch in den letzten Stunden ihres Lebens tat sie, als wäre sie jemand, der sie eigentlich nicht war. Kurz vor ihrem Tod, in der Notaufnahme, wollte der Arzt, der sich ihrer angenommen hatte, ihr die Handtasche abnehmen und sie meiner Mutter reichen. Doch Granny, die es meiner Mutter nie verziehen hatte, daß sie ihren Jüngsten geheiratet hatte, ließ den Riemen nicht los. Sie sah meiner Mutter direkt in die Augen und sagte zum Doktor: »Die Frau habe ich in meinem Leben noch nicht gesehen.«

Als mein Vater von zu Hause fortlief, war meine Großmutter neunundvierzig Jahre alt und noch auf der Höhe ihrer Kraft und ihrer Fähigkeiten, doch wie ich Granny kenne, wird sie bereits vorausschauend den Punkt gesehen haben, an dem sich die Straße, auf der sie unterwegs war, unausweichlich bergab wandte. Ihre beiden älteren Söhne waren schon ausgezogen, und es muß ihr klar gewesen sein, daß mein Vater mit seinen sechzehn Jahren, selbst wenn er wohlbehalten nach Polk County zurückkehrte, nicht mehr lange zu Hause wohnen würde. Paw-paw kratzte immer noch zufrieden in seinem kleinen Stück miesen Boden herum, und nichts wies darauf hin, daß er den Wunsch oder die Initiative entwickeln würde, Größeres in Angriff zu nehmen. Granny muß das Gefühl gehabt haben, um sie schnüre sich die Welt zusammen und werde kleiner, als sie ohnehin schon war. Vielleicht war es diese Verzweiflung, die sie dazu trieb, in Rutherfordton wie eine Furie in den Bus zu steigen, oder wie eine Naturkraft, die keiner Vernunft mehr zugänglich war. Vielleicht war ihr einziges Ziel, die zwei Jahre zu retten, in denen eines ihrer Kinder noch mit bei ihr im Haus leben würde.

Ich frage mich, ob ihr solcherlei Gedanken durch den Kopf gingen, als der Bus in Spartanburg einfuhr, vorbei an der Fabrik, in der sie als junges Mädchen gearbeitet hatte, oder ob sie noch immer von Kummer überwältigt war, weil sie glaubte, sie würde meinen Vater nie wiedersehen. An welchem Punkt ging ihre Hysterie im Gedröhn des Busmotors und dem Summen der Räder unter, so daß sie merkte, daß sie von Fremden umgeben war, die wer weiß wohin fuhren, um wer weiß was zu machen? An welchem Punkt hat sie schließlich aus dem Fenster geschaut und entdeckt, daß sie in ein neues Land gekommen war, in dem nichts, worauf ihr Blick fiel, hätte neuer sein können, selbst wenn es Gott erst vor einem Augenblick frisch geschaffen hätte? Doch vor allem frage ich mich, was ihr wohl durch den Kopf ging, als sie in Jacksonville aus dem Bus stieg und ihr zum erstenmal klar wurde, daß Florida ein *Staat* war, daß schon allein in Jacksonville mehr Menschen lebten, als sie in ihrem ganzen Leben gesehen hatte; daß sie genausoviel Aussicht hatte, ihren Sohn zu finden, wie sie eine Aussicht hatte, auch nur eines von den vielen namenlosen Dingen zu bekommen, die sie glücklich machen würden.

Irgendwo in South Carolina hatten mein Vater und Kumpel Nummer zwei angefangen, »O Mein Papa« zu singen, woraufhin Kumpel Nummer eins so vor Heimweh zerflossen war, daß sie in Columbia mit ihm aussteigen und ihm eine Karte für die Heimfahrt kaufen mußten. Die Fahrkarte kostete sie den größten Teil ihres gemeinsamen Geldes. Meinem Vater und Kumpel Nummer zwei blieb noch gerade genug Geld, um es bis nach St. Petersburg zu schaffen, wo sie als Landstreicher verhaftet wurden. Vater saß auf einer Parkbank in der Sonne, als der Streifenwagen hielt. Der Vater von Kumpel Nummer zwei schickte ihnen telegrafisch die Kaution und das Fahrgeld.

Sie waren eher wieder zu Hause als Granny. Die Jungen gingen wieder zur Schule, beschämt und als Helden zugleich. Vater versöhnte sich mit meiner Mutter, die Jahre später, als sie mit mir schwanger war, in einer Frauenarztpraxis in San Antonio, Texas, unvermittelt der einstigen Kellnerin vom Diner an der Straße nach Lake Lure gegenübersaß. Sie unterhielten sich höflich, wurden aber keine Freundinnen. Meine Großmutter verließ den Staat North Carolina, außer zu gelegentlichen, eintägigen Verwandtenbesuchen im westlichen South Carolina, nie wieder.

Als ich Granny das letzte Mal zu Hause besuchte, schlüpfte ich mühelos in die Rolle, die ich ihr gegenüber schon häufig gespielt hatte: Ich war der sensible junge Mann, der Schriftsteller werden wollte; sie war die Frau, die aus dem Blickwinkel gesammelter Erfahrung Rückschau über ihr Leben hält. Sie erzählte mir, wie sie vor Jahren auf einer Reise überraschend über die unglaublichste Brücke gekommen sei. Die Brücke schoß in einem so weiten Bogen über das Wasser, daß sie die andere Seite kaum sehen konnte. Sie führte so hoch in die Luft, daß sie kaum atmen konnte, während sie drüber fuhr. Ganz hinten in der Ferne sah sie einen riesigen Dampfer auf den Hafen zuhalten, und die Brücke war so hoch, daß das Schiff drunter durch paßte. Hinter dem Schiff lag das Meer, über das es gekommen war. Sie erzählte mir, daß die Fahrt über die Brücke das Imposanteste war, was sie je erlebt hatte.

Erst viel später ging mir auf, daß die Brücke, die sie mir beschrieben hatte, die Brücke über den Cooper River in Charleston, South Carolina, war und daß sie, als sie sie sah, auf dem Weg nach Florida gewesen war, um meinen Vater zu suchen. Sie erwähnte nicht, daß sie zusammen mit der Mutter von Kumpel Nummer eins gefahren war, daß sie keine Ahnung gehabt hatte, wohin die Fahrt ging, und auch nicht, daß die Leute noch jahrelang leise hinter ihrem Rücken über das Abenteuer gelacht hatten. Sie beschloß vielmehr, nach gewiß reiflicher Auswahl aus einer von ihr als unzureichend empfundenen Bandbreite von Möglichkeiten, mir zu berichten, daß sie einmal einen so außerordentlichen Anblick genossen hatte, daß sie dadurch zu einer außerordentlichen Frau geworden war. In einem alchimistischen Willensakt nahm sie einen Bus, eine Brücke und eine gescheiterte Reise und verwandelte sie in den Höhepunkt eines Lebens. Es war nicht direkt eine Lüge, sie hatte nur die Erinnerung poliert, bis sie aussah wie Hoffnung. Sie hatte ihre Stimme erhoben, um: »Hier bin ich! Hier bin ich!« zu rufen, auch wenn sie schon schwächer und schwächer klang und schließlich gar nicht mehr zu hören war.

Tour de Fax

Wir waren nicht die typische Concorde-Klientel. Randy Brouseau war ein Kopfgeldjäger und Kautionsbürge aus New Orleans. Mike Sandobal arbeitete als Koch in einem Grillrestaurant mit Bar in New Jersey. Mike und Randy und sechsundvierzig weitere Passagiere hatten die Flugreise in einem Preisausschreiben gewonnen. Ich war durch Beziehungen und eifriges Telefonieren als Reporter an Bord gelangt. Wir standen am John-F.-Kennedy-Flughafen auf dem Rollfeld und starrten der Air-France-Maschine entgegen, deren Versuch, den Geschwindigkeitsrekord für die suborbitale Umrundung der Erde einzustellen, wir als Passagiere an Bord miterleben sollten. Unsere Concorde wirkte ein wenig angegraut, wie ein frisierter, schneller Oldtimer, für den keine Bank mehr einen Ratenzahlvertrag abschließen würde. Ein Starsky & Hutch Ford Gran Torino vielleicht oder ein Chevelle Super Sport. Sie war von 1978 und kleiner, als ich erwartet hatte.

Ein Mann mit gegeltem Haar im doppelreihigen, mit Reflexbändern ausgestatteten Sicherheitsanzug kratzte sich, als er an uns vorbeiging, mit einem Walkie-talkie am Ohr. Auf dem Flughafen herrschte Alarmbereitschaft. Die Zeitungen waren voll von düsteren Prophezeiungen. In unmittelbarer Nähe waren terroristische Aktivitäten aufgedeckt worden. Über dem Atlantik lauerte ein Wirbelsturm, als wäre er noch bei der Entscheidungsfindung. Auf dem Rollfeld sprach niemand von Selbstmordattentätern und tödlichen Stürmen, aber mir fiel es schwer, sie aus meinen Gedanken zu verbannen. Der Anzug des Sicherheitsbeamten wechselte die Farbe mit dem Licht. Der Rennfahrer Kyle Petty trat zögernd hinaus in die Sonne. Er war eine unserer Berühmtheiten. Es war Zeit zum Einsteigen. »Ich kann nicht glauben, daß ich hier bin«, sagte Mike. Er war noch nie geflogen.

Randy beugte sich zu mir herüber. »Hey«, sagte er, »wissen Sie, was ein Affenarsch ist?« An seinem Hals traten dicke Adern hervor. Er hatte Unterarme wie Popeye und wirkte ein bißchen durchgedreht.

Ich fragte zurück: »Ein Vollidiot?«

»Nee«, sagte er, »die kleine braune Stelle unter dem Affenschwanz.«

Arbeiter schleppten eine Gangway fort und ersetzten sie durch eine neue Gangway, an der jede Stufe mit der Aufschrift AIR FRANCE versehen war. Am Rumpf des Flugzeugs, unweit seiner spitzen Schnauze, pappte, wie von einem Magneten gehalten, irgendwie fehl am Platz ein auffälliges Schild mit dem Logo von Coors Light, unserer Sponsorenfirma. Wenn Arthur Helios, der Organisator unserer Reise, Christopher Columbus war, dann war die Coors Brauerei Königin Isabella. Die französische Fluglinie, die amerikanische Brauerei und der Veranstalter hatten mit Hilfe eines unabhängigen Marketing-Unternehmens zusammengefunden. Würde Columbus heute segeln wollen, bräuchte er ein Marketingunternehmen. In den ersten Presseerklärungen war das Flugzeug als »Silver Bullet« bezeichnet worden, eine Coors-Marke, die offenbar nicht mit der Air France zu fliegen pflegte. Bis zum Flugtermin hatte sich der Flieger ohne ein Wort der Erklärung zur »Coors Light Concorde« gewandelt. Der ursprüngliche Flugplan hatte einen ersten Zwischenhalt zum Auftanken in Lissabon vorgesehen, doch am Flughafen hatten wir erfahren, daß wir statt dessen in Toulouse landen würden, wo die Concorde gebaut worden war. Man spürte allseits das große Gewicht jüngst geteilter Meere, in der Luft lag der süße Duft frisch gefaxter Entspannung.

Ich sagte zu Randy: »Laissez les bons temps rouler.«

»Jawoll«, sagte Randy. »Wir fliegen um die Welt.«

New York–Toulouse 3:20:02

Arthur Helios wirkte zu groß für das Flugzeug. Wenn er aufrecht stand, kam er mit dem Kopf an die Decke des Fluggastraums. Seine Schultern reichten von Handgepäckfach zu Handgepäckfach. Für seine Persönlichkeit hätte das Behältnis kaum kleiner sein dürfen. Jedesmal, wenn er den Mund aufmachte, ließ er eine große Erklärung ab. Er sprach ausschließlich in ganzen Sätzen und meistens in der Aussageform.

Auf dem Boden in New York sagte er: »Ich bin *der* führende Vertreter der Verbraucher in der Luftfahrt, basta. Mir persönlich ist es zu verdanken, daß das 20-Kilo-Limit für Gepäck im internationalen Luftverkehr abgeschafft wurde. Es gibt für mich wichtigere Dinge, als daß mein Name in der Zeitung erscheint.« In der Beschreibung der Flugroute, die er vor Reiseantritt an alle Teilnehmer gemailt hatte, hatte er den Flug als »das aufregendste Ereignis in der Geschichte der Luftfahrt seit Lindberghs Überquerung des Atlantik« bezeichnet. An Bord der Coors Light Concorde war er der größte Bär im Wald. »Dieses Flugzeug benachteiligt nur zwei Klassen von Menschen«, verkündete er. »Arme und große.«

Wie ich herausfinden durfte, wird die Concorde als luxuriös angesehen, weil sie schnell und der Service gut ist, nicht weil man es an Bord bequem hat. Ich mußte aufstehen, um mein Tischtablett hoch- und runterzuklappen, ohne es mir gegen die Knie zu schlagen. Es war schwierig, meinen Arm seitlich auf die Lehne zu legen, ohne meine Sitznachbarin Laura zu berühren, die ich gerade erst kennengelernt hatte. Sie sollte ebenfalls über die Reise Bericht erstatten. Wir quetschten uns in unsere Sitze, während Dave Brubecks »Take Five« aus den Lautsprechern schallte. Die Flugbegleiter, die männlichen wie die weiblichen, waren elegant und gutaussehend und zuvorkommend. Sie wirkten aufrichtig erfreut, uns zu sehen, was mir beunruhigend schien. Die Uniformen der Flugbegleiterinnen hatte Nina Ricci entworfen. »Da hat man gleich noch einen Grund, die Franzosen zu hassen«, sagte Laura. Die fünf Journalisten an Bord waren wie Akolythen in den Reihen hinter Helios plaziert worden. Er teilte sich die Backbordseite der ersten Reihe mit seiner Verlobten Betty. Betty war eine große gutgelaunte Frau, der eine krankhafte Immunität gegen große Erklärungen beschert zu sein schien. Im Lauf der Reise entwickelten die Journalisten mehr und mehr eine ähnliche Resistenz: Je nach der Länge der Artikel, zu denen wir beauftragt waren, hörten wir alle nach und nach auf mitzuschreiben, wenn der große Mann sprach.

Unsere zweite Berühmtheit, der Apollo-Astronaut i.R. Tom Stafford, saß mit seiner Frau Linda vorne neben Helios und Betty auf der anderen Seite des Ganges. Stafford hatte sich die Plätze auf dem Flug durch seine Beziehungen verdient: Er überredete die United States Air Force, ein von einer Brauerei gechartertes Flugzeug der Air France auf ihrer Basis in Guam landen zu lassen. Hinter den Staffords in Reihe 2 saßen Kyle Petty und Felix Sabates. Petty fuhr den Coors Light Pontiac für Sabates' NASCAR-Team. Er ging an Bord, als wäre das Flugzeug ein Bus, das ihn zu einem Job bringen sollte, auf den er sich nicht besonders freute. Die Sitze hinter Petty und Sabates waren mit einer Gruppe Marketingfritzen aus Florida besetzt. Wie viele Sitze sie okkupierten, ist schwer zu sagen: zwei Marketingfritzen und ein Sechserpack wirken schnell wie eine ganze Horde. Die Marketingfritzen trugen Rolexe, die so groß waren wie Sonnenuhren, und Polohemden, in die über ihren Herzen die Namen von Golfplätzen eingestickt waren. Helios hieß bei ihnen »Big Art« und jedes zweite Wort war »Party machen«. Sie lachten und sangen und krakeelten ein bißchen zu laut, wie Piraten in einem Filmmusical. Hinter den Marketingfritzen saß eine Handvoll leitender Angestellter der Coors Brauerei. Sie waren einheitlich jung und braungegerbt. Sie trugen T-Shirts und Taucheruhren und Khakishorts mit vielen Taschen. Sie wirkten nicht glücklich mit den ihnen zugewiesenen Plätzen und blieben im wesentlichen unter sich.

Die Concorde hat im Flug die Nase stets leicht nach oben geneigt, so daß alle, die hinter einem sitzen, auch weiter unten sitzen als man selbst. Laura und ich waren nur durch die zweite Reihe von den besten Plätzen im Flugzeug getrennt. Von uns aus gesehen war die hintere Kabine, wo die Gewinner des Preisrätsels saßen, so weit bergab, als läge sie am Fuß eines langen Hügels. Nach zehn bis zwölf Stunden zusammen in der dünnen, exklusiven Luft der vorderen Kabine begannen Laura und ich uns wie ein Ehepaar zu fühlen. Wir teilten uns die feuchten, Cologne-getränkten Tüchlein, wenn wir uns erfrischen wollten, stießen mit unseren Champagnergläsern an und tauchten unter den Sitz, um für den anderen nach dessen Schuhen zu suchen. Wir blieben den größten Teil der Zeit zu Hause und machten uns selten zu Besuchen auf. Nach einer Weile kam mir die hintere Kabine so weit weg vor, als wäre sie auf der anderen Seite der Eisenbahnschienen.

Um 11.49:10 Uhr an einem Dienstagvormittag brachen wir ostwärts über den Atlantik auf. Wenn wir vor 20.30:12 Uhr am Mittwoch wieder in New York landeten, würden wir sagen können, daß nur Astronauten schneller um die Welt geflogen seien als wir. Der bestehende Rekord war 1992 von demselben Flugzeug in westlicher Richtung aufgestellt worden, anläßlich einer von Helios organisierten Spritztour zum Gedenken an den fünfhundertsten Jahrestag von Columbus' erster Landung in der Neuen Welt. Für eine Flugkarte hatte man damals circa 30000 Dollar löhnen müssen. Für diese Reise hatte Helios Sponsorenfirmen gesucht, um sich die Sorge um den Verkauf der Plätze zu ersparen. »Es gab zwei mögliche Rekorde, und einen hatte ich schon in der Tasche«, berichtete Helios. »Was blieb mir anderes übrig?«

Um 12.03 Uhr durchbrachen wir die Schallmauer ohne merkliche Veränderung in der Flugweise der Concorde. Das Machometer an der vorderen Kabinenwand sprang schlicht von .99 auf 1.0. An Bord wurde der Moment durch vereinzelten, zögernden Applaus von hinten und ironischen Jubel der Marketingfritzen begrüßt. Der Regisseur des von Helios engagierten Dokumentarfilmtrupps war mit unserer Begeisterung nicht zufrieden und spornte uns an, den Moment noch einmal zu durchleben, diesmal mit Gefühl. Auf sein Stichwort hin brüllten die Marketingfritzen wie Verbindungsbrüder beim Entscheidungsspiel. Die Coorsfritzen schwenkten ihre Coorsmützen und hielten Coors-Light-Dosen über ihren Köpfen in die Luft. Die Preisrätselgewinner johlten pflichtschuldig, obwohl nur eine Handvoll von ihnen im Bild war.

Als wir um 12.23 Uhr Mach 2 erreichten, wurde weniger Trara gemacht. Wir flogen schneller als manche Gewehrkugeln, zweimal so schnell wie das gesprochene Wort, mehr als zehn Meilen über dem Meeresspiegel. Mir ging auf, daß ich mich mit größter Wahrscheinlichkeit nie weiter von der Erde entfernen oder mit höherer Geschwindigkeit fortbewegen würde als in diesem Moment. Es war ein Gefühl, dachte ich, fast als ob Gott mir den genauen Zeitpunkt mitteilte, an dem ich die Lebensmitte erreichte. Von da an beobachtete ich das Machometer, als wäre es ein Herzüberwachungsgerät. Irgendwann würden wir wieder langsamer fliegen als noch das sorgfältigst gewählte Wort, die normalen Lebensgeräusche würden uns einholen und wiederfinden und umschwirren. Aus dem Fenster konnte ich deutlich die Krümmung der Erde erkennen. Der Himmel war von zartem Blassblau, unmittelbar über uns sah man seine Krümmung und den Übergang ins dunkle Violett des Weltalls. Das Machometer zeigte 2.02 an. Für den Augenblick fühlte ich mich absolut, vollkommen sicher.

Das Mittagsmahl begann mit Kanapees und Champagner, gefolgt von Hummersalat und Mangojulienne, Tournedos in Sahnesauce mit ganzen Pfefferkörnern, einer Krokette an Trüffeln mit Mandelstiften, Möhren-Spinat-Subric, einem Salat, verschiedenen Käsesorten, frischem Obstsalat und Petits Fours. Die Flugbegleiter trugen blinkende, batteriebetriebene Buttons in der Form von Coors-Light-Kronkorken. Der Button des Chefstewards blinkte unter seinem Smoking wie ein sichtbares Herz. Laura und ich studierten unsere Tabletts mit den Speisekarten in der Hand, bis wir alles identifiziert hatten. Wir zeigten wahllos auf irgendwelche der uns angebotenen Weinflaschen. Alles, was luftdicht verpackt war, verstauten wir in unseren Taschen als Souvenirs. Laura war eine Frau mit leichtem Appetit, deshalb vertilgte ich den Rest ihrer Lendchen. Sie knabberte an meinem Käse. In der hinteren Kabine aß Mike aus beruflicher Neugier alles, was er in die Finger bekam, auch Dinge, die ihm nicht schmeckten. Er dachte sich, es sei vermutlich seine einzige Chance, jemals echte Gourmetküche zu probieren. Als die Flugbegleiter endlich unsere Tabletts abräumten, waren es bloß noch dreiundzwanzig Minuten bis zur Landung in Toulouse.

Ohne das Machometer hätte ich nie gemerkt, wann wir die Schallmauer durchbrachen, doch das Abbremsen auf Unterschallgeschwindigkeit löste bei mir eine leise, physiologisch spürbare Enttäuschung aus, als wäre die Geschwindigkeit eine Form der Euphorie, von der mein Körper nur widerwillig abließ. Plötzlich breitete sich Frankreich unter uns aus, ein plattes, trübsinniges Raster aus grünen und braunen Feldern unter einem undefinierbaren Himmel. Toulouse wirkte aus der Luft wie eine geplante Stadt außerhalb von Atlanta oder Charlotte. Die Häuser waren verputzt und mit roten Dachziegeln gedeckt, die kleinen Gärten waren mit dem Blau von Vorstadt-Swimmingpools bekleckst. Die schmalen Straßen zum Flughafen waren mit abgestellten Fahrzeugen gesäumt. An den Maschendrahtzaun um den Flughafen drängten sich Hunderte von Menschen, und mir ging auf, daß sie auf uns warteten. Als wir über sie hinwegflogen, lösten sie sich von den Zäunen und winkten mit den Armen, als kämen wir, um sie zu retten. Hunderte, vielleicht Tausende weitere erwarteten uns am Terminal hinter einem Sicherheitszaun. Wahrscheinlich hatten viele von ihnen in besseren Zeiten für die Concorde gearbeitet.

»Mein Gott«, sagte Helios, als wir einrollten. »Ich hoffe, davon kriegen wir ein Video.«

Er übernahm das Bordmikrofon und verkündete: »Meine Damen und Herren, wenn Sie wissen wollen, warum ich dies mache, dann sehen Sie hier, warum.«

Die Menge hinter dem Zaun jubelte, als wir die Treppe zum Rollfeld hinuntergingen. Wir winkten ihnen zu wie Astronauten. Randy grölte und reckte die Faust in die Luft, als er auf die Gangway hinaustrat. Mike trat aus dem Flugzeug, als suchte er seinen Schatten. Er hatte nicht das Gefühl, in Frankreich zu sein. Wenn die ausländischen Autos und Lastwagen auf dem Rollfeld nicht gewesen wären, hätte Frankreich glatt New Jersey sein können. Am Fuß der Gangway hielt Helios in perfektem Französisch eine Ansprache für die Reporter. Tom Stafford stand neben Helios und blinzelte in die Fernsehscheinwerfer. Er hatte auf der Fahrt der Apollo 10 und bei der Apollo-Sojus-Mission als Kommandant gedient und war als Drei-Sterne-General aus der Air Force geschieden, aber niemand stellte ihm eine Frage. Nach ein paar Minuten verzog er sich unauffällig von Helios' Seite und sah sich suchend nach einem anderen Platz um.

Wir gingen nicht durch den Zoll, weder in Frankreich noch an den anderen Landeplätzen. Bei der Rückkehr nach New York würde in unseren Pässen kein Hinweis auf unsere Reise zu finden sein. Wir wurden in ein leeres Flughafengebäude und dort nach oben in eine private Wartehalle geleitet. Dort stand ein Modell des Flughafens von Toulouse auf einem Tisch. Es war das einzige im ganzen Raum, was es zu sehen gab. Die Passagiere versammelten sich drumherum und machten Fotos. Sie ließen sich mit Kyle Petty davor ablichten.

Petty hatte auf der Etappe von New York Elmore Leonards *Riding the Rap* schon fast ganz durchgelesen. Das bereitete ihm Sorge, da er nur zwei Bücher mit auf die Reise genommen hatte. »Ich werd 'nen Laden finden müssen«, sagte er. »Ich hab Angst, mir geht der Stoff aus.« Er sitzt nicht gern still, ohne etwas zu tun zu haben. Er sammelt Erstausgaben – Graham Greene, Hemingway, Eudora Welty – und liest sie im Flugzeug. Am Donnerstag nach unserer Rückkehr mußte er zum nächsten Werbeauftritt von New York nach New Orleans fliegen. Freitag dann von New Orleans nach Michigan, wo er Sonntag ein Rennen fahren sollte, bei dem ihm der Motor explodierte, so daß er in einem Feld von neununddreißig Autos als letzter ins Ziel ging. »Sie wissen ja, wie es auf der High School ist«, sagte er in Toulouse. »Ich hab so gut wie nichts gelesen.«

Wir verbrachten eine Stunde und sechzehn Minuten auf dem Boden. Wir schnupperten an einem mit Horsd'œuvres gedeckten Tisch und tranken Orangensaft. Die Urinale in der Männertoilette waren von der Tür der Damentoilette aus einzusehen. Wir werteten das als eine Erscheinung gallischer Kultur. Auf dem Rückweg zum Flieger pfiff Randy einer langbeinigen Frau im Minirock zu. Mike grinste und schüttelte den Kopf. Um 16.25 Uhr New Yorker Zeit hoben wir ab und flogen in die französische Abenddämmerung hinein. Um 17.10 fingen die Marketingfritzen an zu singen: »If you're happy and you know it, clap your hands.«

Toulouse–Dubai 3:13:52

In der Luft schmolz unsere Welt auf die Form eines Flugzeugs zusammen. Vielleicht verliert man auf 60000 Fuß einen bislang unbenannten Sinn der Zugehörigkeit zur Erde, über den man in niedrigeren Höhen verfügt. Das Mittelmeer unter uns war eine Vorstellung, an die wir uns erinnern mußten, keine Realität, an der wir teilhatten. Laura und ich studierten die Speisekarte, als hätten wir Hunger, aber auf die Landkarte sahen wir nicht.

Eine Stunde und fünfzehn Minuten nach dem Abflug von Toulouse verkündete Helios, daß die Vereinigten Arabischen Emirate die ursprünglich erteilte Erlaubnis, ihr Lufthoheitsgebiet mit Überschallgeschwindigkeit zu durchfliegen, zurückgezogen hatten. Der uns aufgezwungene Geschwindigkeitsabfall werde unseren Flug um vierundvierzig Minuten verlängern und uns wahrscheinlich den Rekord kosten. Er nahm die Nachricht nicht gut auf. »Die Vereinigten Arabischen Emirate sind im Grunde nur ein Sandhaufen aus den Ländern Dubai, Bahrain und Qatar, in denen sowieso keiner von uns leben wollte, wenn wir die Wahl hätten«, sagte er ins Mikrofon. »Ich will bloß so schnell wie möglich raus aus dem arabischen Luftraum und nichts mehr mit diesen Arschlöchern zu tun haben.« Die Marketingfritzen johlten, klatschten sich gegenseitig in die hoch erhobenen Hände und brüllten: »Gut so, Big Art.« Die Coors-Manager stierten ausdruckslos vor sich hin, wackere Männer im Angesicht der kippligen Chose, in die sie gutes Geld gesteckt hatten. »Mit anderen Worten«, sagte Helios, als er wieder Platz nahm, »sie sind primitive Wüstenscheiche, die mit ihrem Öl zuviel Geld verdienen.«

Eine Flugbegleiterin erschien, wie eine UN-Abgesandte, mit einem Tablett voll heißer Frotteetücher in den Händen. Es entspricht einer natürlichen Eigenart des Menschen, daß es ihm, sobald er sich ein heißes Frotteetuch übers Gesicht legt, nicht mehr so wichtig scheint, ob er einen Geschwindigkeitsrekord aufstellt oder nicht. Danach kam der Steward mit einem Wagen voll Brot. Laura und ich zuckten die Achseln, klappten unsere Tische herunter und machten uns über das Essen her. Mehrere Gänge später genehmigten saudiarabische Beamte eine Flugroute und einen Geschwindigkeitswechsel, die uns erlaubten, das Königreich mit Mach 2 zu überfliegen. Flüge mit Überschallgeschwindigkeit sind normalerweise nur über dem offenen Meer erlaubt. Sofern es nicht noch zu unvorhergesehenen Verzögerungen kam, bedeutete das Geschenk der Saudis, daß der Rekord uns sicher war. »Junge«, sagte Helios, wieder ruhiger geworden, »spannender geht's nicht.« Ich senkte den Blick und sah, daß ich gleichzeitig Champagner, Cola Light, Mineralwasser und heißen Tee auf meinem Klapptischchen stehen hatte. Reiche Leute, wurde mir klar, unterscheiden sich von unsereinem nur durch den uneingeschränkten Zugang zu Getränken. Einen Augenblick lang war ich zutiefst glücklich.

Über Saudi-Arabien stieg die Temperatur in der Passagierkabine merklich an, obwohl wir uns 58000 Fuß über der Wüste befanden. Ich legte meine gewölbten Hände an die Scheibe und starrte hinaus in die schwärzeste Finsternis, die ich je gesehen hatte. Ich spürte, obwohl ich nicht erklären könnte wieso, daß wir nicht mehr über dem Meer flogen und daß in dem Land unter uns außer der Urhitze nichts als Leere herrschte. Ich hoffte, daß es dort unten jemanden gab, der den Überschallknall hörte, der uns durch die Nacht verfolgte. Vermutlich macht die Tatsache, daß jemand mitkriegt, wie schnell man ist, einen guten Teil der Freude am Geschwindigkeitsrausch aus.

Am Horizont loderte Dubai hell wie ein Feuer. Unter uns hatten sich weder Lichter noch Straßen noch Häuser verdichtet, um uns auf den Anblick einer nächtlichen Stadt vorzubereiten. Eine Stadt tauchte einfach aus dem Nichts auf. Die breiten, verlassenen Boulevards führten in die Wüste hinaus und endeten dort. Wir landeten um 3.40 Uhr Ortszeit, Abendessenszeit am Tag zuvor in New York. Die Temperatur betrug 36 °C, nach einer nachmittäglichen Höchsttemperatur von 49 °C. An Bord einer Concorde schaltet sich die Klimaanlage aus, sobald die Motoren heruntergefahren werden. Als die Gangway festgemacht und die Türen geöffnet wurden, waren wir verschwitzt und missgelaunt. Die Marketingfritzen schnüffelten in Richtung ihrer Achselhöhlen.

Das Flugzeug wurde auf dem Rollfeld von schnauzbärtigen Soldaten mit Schnellfeuerwaffen umstellt. Zwei Flughafenbeamten verhängten das Coors-Logo mit einem Tuch. Nach dem islamischen Gesetz ist Werbung für Alkohol verboten, obwohl man nirgends auf der Welt billiger Spirituosen kaufen kann als in den Duty-Free-Geschäften von Dubai. Ein guter Scotch kostet dort weniger als drei Dollar den Liter. Echte Rolexuhren sind für fünfhundert Dollar zu haben. Nach Dubai fliegen Menschen aus der ganzen Welt, bloß um im Flughafen einzukaufen. Die Reklame an den Bussen, die wir für die kurze Fahrt zum Terminal bestiegen, warb für Ferraris. »Mann«, sagte Kyle Petty, »das würde es bei uns nicht geben.«

Das Flughafengebäude wirkte brandneu und so üppig verziert wie die Torte bei einer Kitschhochzeit. Es sei, wurde uns gesagt, das Geschenk eines großzügigen Fürsten. Als wir drinnen waren, durften wir nicht einmal in die Nähe der Duty-Free-Läden. Ein Ausbruch von Einkaufsfieber hätte womöglich den Rekord gefährden können. Statt dessen wurden wir durch ein Labyrinth blitzender Korridore wiederum in einen privaten Warteraum geführt. An den Türen standen bewaffnete Wächter Posten. In der Männertoilette versammelte sich eine kleinere Menschenmenge, um das Urinal des Mittleren Ostens zu bestaunen. Es bestand aus einem Loch im Fußboden mit erhöhten Flächen für die Füße beidseits des Lochs. »Damit man sein Gewand nicht heben muß«, sagte Kyle Petty. Wir nickten und stellten uns in einer Schlange davor auf. Die Fliesen um das Loch waren elegant und orientalisch gemustert. Die westlichen Toiletten und Urinale zu beiden Seiten blieben unbenutzt.

Dubai–Bangkok 3:37:51

Um 21.30 Uhr New Yorker Zeit leuchtete die Sonne über dem Indischen Ozean auf, wie von einem Bewegungsmelder geschaltet. In einer Minute war finsterste Nacht und in der nächsten war es hellichter Morgen. Wir sahen die Sonne in zwei Tagen dreimal auf- und untergehen. »Junge«, sagte Helios, »das macht echt Spaß so was.« Wir waren der Zeit, die uns einen Eintrag im *Guiness Buch der Rekorde* verhieß, um vierundvierzig Minuten voraus. Aufregender fand Helios jedoch, daß es uns gelingen würde, den offiziellen Rekord für die Ostumrundung von 36:08:34, gehalten von Alan Paulsen, dem Chef von Gulfstream Aviation, einzustellen. Wir waren auf dem besten Weg, Paulsens Zeit um fast fünf Stunden zu unterschreiten. »Ich weiß noch, wie ich zugesehen hab, als die Queen Mary und die Queen Elizabeth von New York in See stachen, und alle am Kai wünschten, sie wären diejenigen, die losfuhren«, sagte er. »Ich find's toll, als Mann, der von zu Hause aus arbeitet, Dinge auf die Beine zu stellen, von denen der Chef eines großen Unternehmens mit unbegrenzten Mitteln vergeblich träumt.«

Auf der anderen Seite des Mittelgangs schlief Tom Stafford hinter einer schwarzen Schlafmaske. Auf seinem Schoß lag aufgeklappt *Apollo 13*, Jim Lovells Bericht über die durch eine Explosion gescheiterte Mondmission. Auch Stafford war nicht zum Mond gelangt. Als Apollo 10 startete, war die Mondlandefähre noch nicht fertig gewesen. Neil Armstrong, Kommandant der Apollo 11, wurde zu dem Astronauten, an dessen Namen sich alle Welt erinnert.

Die Flugbegleiter machten sich daran, die Blenden vor die Fenster zu ziehen, um die Vormittagssonne auszusperren. Zuhause war es Zeit zum Schlafengehen. Eine Zeitlang waren sogar die Marketingfritzen relativ leise. Kyle Petty las sich mit atemberaubendem Tempo durch eine geliehene *Sports Illustrated.* Randy stromerte auf der Suche nach Gesprächspartnern durch den hinteren Kabinenteil. Er meinte, wir seien zu schnell, als daß er schlafen könnte. »Man hat mehr Chancen im Leben, wenn man schnell ist«, sagte er. »Wenn du nicht als erster da bist, kriegen die anderen Kautionsbürgen das Geld. So ist das. Du mußt dich auf die Socken machen. Und zwar ein bißchen plötzlich.« Randy trug ein Harley-Davidson-T-Shirt mit einem besonders aggressiv wirkenden Adler. Als Kopfgeldjäger bedient er sich am liebsten der Taktik, dem Auto eines Flüchtigen bis an eine Ampel zu folgen und beim Anhalten einen kleinen Auffahrunfall zu inszenieren. Wenn der Flüchtige aussteigt, kommt er ihm mit Handschellen entgegen. »Die Dresche steck ich gerne ein«, meinte er. »Ich will mein Geld. Würden Sie sich für ein paar tausend Dollar nicht verdreschen lassen?«

Über Thailand schwebte ein Feld niedriger Kumuluswolken, als wäre es dort angebunden. Der Schatten einer jeden Wolke lag deutlich und unbewegt und kühl auf der Erde unter ihr. Der Ortszeit nach war es fast Mittag. Steile, dicht bewaldete Berge ragten jäh aus üppigen Tälern empor. Die Täler waren bis an den Fuß der Berge mit Reisterrassen kultiviert. Durch ein breites Dschungelband verlief eine vierspurige, noch nicht fertiggestellte Autobahn in gerader Linie bis zum Horizont, als wäre der Horizont an sich ein Ziel. »Laura«, sagte ich, »wach auf. Wir sind nicht mehr in Kansas.« Zwischen die Rollbahnen des Flughafens von Bangkok war ein Golfplatz gezwängt. Eine Gruppe von vier Spielern stand mitten auf einem Fairway und sah unserer Landung zu. Der Schatten der Concorde glitt rasch über sie hinweg, wie der eines prähistorischen Vogels, und schon waren sie hinter uns verschwunden. Als wir das Flughafengebäude betraten, legten uns Frauen Ketten aus frischen Blumen um den Hals. Sie führten uns in eine private Wartehalle. Aus einem Lautsprecher drang die blecherne Stimme eines Ansagers: »Welcome to Thailand. Land of Smile.«

In der Wartehalle führten sechs junge Mädchen in traditionellen Kostümen einen alten thailändischen Tanz auf. Die Musik schien viel zu laut. Sie klang wie ein Mittelwellenradio, in dem der Sender nicht richtig eingestellt ist. »Mann«, sagte Kyle Petty, »wer ist bloß darauf gekommen, daß sich dies Geplärre je irgendwo gut anhört? Haben Sie sich das schon mal gefragt?« Fünf der Mädchen streuten Blumen um die Füße des sechsten, das in dem Tanz offenbar die Rolle einer Göttin spielte. Auf einem Fernsehschirm hinter den Tänzerinnen lief ein amerikanischer Wetterbericht im Nachrichtenprogramm der BBC. Wir waren ziemlich so weit von zu Hause fort wie es ging, ohne den Planeten zu verlassen. Die Menschen, die ich liebte, waren so weit von mir wie nie zuvor und wie wohl nie wieder. Das war ein Gedanke, der mir noch nie zuvor hatte kommen können, weil ich noch nie so weit fort gewesen war. Mein Herz füllte sich mit akuter, menschlicher Sehnsucht. Ich rief Sarah zu Hause an, um ihr zu sagen, daß ich sie liebte. Zuhause war es ein Uhr nachts. Sarah schlief und begriff während des ganzen Anrufs nicht richtig, wer am Telefon war. Ich legte auf und schrieb ihr eine sentimentale Postkarte, die uns beiden peinlich war, als sie zwei Wochen später ankam.

Randy wurde ungeduldig, als wir darauf warteten, wieder an Bord zu gehen. Er befürchtete, das Herumhängen in Flughafenwartehallen würde uns den Rekord kosten. Er stellte sich neben das Gate und schimpfte mit uns, daß wir so langsam an Bord gingen. »Los, los«, sagte er. »Wir haben keine Zeit zu verschenken. Alles eine Sache der Einstellung. Wir müssen es schaffen.«

Bald breiteten sich Reisfelder und Golfplätze unter uns aus. Ein breiter brauner Fluß schlängelte sich zu einem braunen Hafen voller Boote. Das Braun des Hafens wurde heller und verlief sich in der blauen See. Wir legten uns nach links und beschleunigten auf Mach 1, während die Küste von Thailand noch unter uns zu sehen war.

Bangkok–Guam 3:01:29

Ich hängte meine Blumenkette an die Lüftung über unseren Sitzen, als Coors-Light-Concorde-Äquivalent eines rosa Plastikflamingos in einem kleinen Vorstadtvorgarten. In New York war es drei Uhr am Mittwochmorgen, aber in dem kleinen Land, in dem wir jetzt wohnten, wußte ich nicht mehr recht, welchen Tag wir hatten. Im Flugzeug schliefen fast alle. Die Blenden waren fest geschlossen. In der Kabine glommen die Lichter schwach. Zu ihnen starrten einige wenige Passagiere mit den Mienen auf, die Schlaflose sonst meist vor der Welt verborgen halten können. Die Flugbegleiterinnen glitten geräuschlos durch den Mittelgang und berührten im Vorbeigehen jede Sitzlehne. Jedesmal, wenn wir die Augen aufschlugen, lächelten sie wie Eltern auf uns hinunter. Kyle Petty schlug die Illustrierte der Air France, *Atlas,* zu und machte zum erstenmal sein Leselicht aus. Laura schlug jedesmal die Augen auf, wenn ich mich bewegte. Ich konnte keine bequeme Stellung finden, versuchte jedoch, mich möglichst wenig zu rühren.

Um fünf Uhr morgens ging die Sonne unter. In der Abenddämmerung über dem Pazifik begannen sich unsere Körper einem Morgen entgegenzuräkeln, der auf der anderen Seite der Welt anbrach. Einige Passagiere reckten und streckten sich und bestellten Kaffee. Als sie ihre Blenden öffneten, um sich den Sonnenuntergang anzuschauen, war das abgedunkelte Cockpit für einen Augenblick von seltsam schrägen Lichtbalken durchstrahlt. Ein Mann aus der hinteren Kabine erschien mit etwa einem Dutzend Fotos in Plastikhüllen bei Tom Stafford. Es waren Bilder des Generals im Weltraumanzug, jeweils mit einem Helm unter dem Arm, der aussah wie ein rundes Aquarium. Er stand mit den Kameraden, mit denen er ins All geschossen worden war, vor Saturn-V-Raketen oder frischen amerikanischen Fahnen. Stafford signierte pflichtschuldig sämtliche Fotos. Der Mann sah jedes Bild stirnrunzelnd an und blies den Staub weg, der sich während des kurzen Moments an der Luft darauf möglicherweise niedergelassen hatte. Er schob jedes Bild sorgfältig in seine Plastiktasche zurück und verschwand dann wieder so leise, wie er gekommen war.

Als wir im Anflug auf Guam waren, bat mich eine Flugbegleiterin, ihr meine Blumen zu geben. Ich weigerte mich zunächst. Sie waren aus Thailand. Die Flugbegleiterin war höflich, aber unerbittlich. Es ist illegal, Pflanzen aus dem Ausland in Territorien der USA einzuführen. Als ich die Kette aushändigte, entsorgte sie sie in einen Plastikmüllbeutel. Laura klopfte mir beschwichtigend auf den Arm. »Laß gut sein«, meinte sie. »Vergiß es.« Eine zweite Flugbegleiterin ging raschen Schrittes von vorne nach hinten durch den Gang und versprühte nach beiden Seiten ein süßlich riechendes Pestizid.

Auf Guam beobachtete eine kleine Schar Frauen und Kinder von Air-Force-Angehörigen unsere Landung von einer kleinen Grasfläche jenseits des Rollfelds. Einige von ihnen hatten ihr Picknick auf einer Decke ausgebreitet. Wir stiegen im Gänsemarsch die Gangway hinab und verteilten uns auf zwei uralte Schulbusse. Ein heroisch kurzgeschorener Luftwaffengefreiter sprang in meinen Bus und brüllte: »Willkommen in der Anderson Air Force Base, Guam, USA!« Wir jubelten, als hätte er uns aus einem ausländischen Gefängnis befreit. Wir waren um die Welt gereist und hatten die Vorposten Amerikas von der anderen Seite erreicht. Patriotismus erfüllte den Bus wie Nervengas. Bei der Nationalhymne sträubten sich stolz meine Nackenhaare. Wir erzählten unserem Luftwaffenmann von den Soldaten in Dubai. Er grinste kopfschüttelnd. Einer der Passagiere schlug vor, er solle mal mit seinen Kameraden hinfahren und ihnen zeigen, was eine Harke ist, so wie wir es damals im Golfkrieg gemacht haben.

Die United States Air Force fertigte uns schneller ab als alle anderen zuvor. Sie war um siebzehn Sekunden schneller als die Franzosen. Wir waren noch keine fünf Minuten in dem winzigen Wartesaal von Anderson, als ein weiblicher Leutnant mit roten Haaren uns wieder in den Bus beorderte. Sie war höflich, aber bestimmt. Sie machte deutlich, daß wir nicht zu trödeln hatten. Ich rannte noch schnell quer durch den Wartesaal und kaufte eine Cola Light, bloß weil der Automat amerikanisches Geld nahm. Ich hatte das Gefühl, schon lange von zu Hause fort zu sein. In der Ferne jenseits des Rollfelds konnte ich die Silhouetten einiger Palmen gegen einen riesigen, unbekannten Himmel sehen. Unser Gefreiter fuhr uns zurück zur Concorde. Wir standen herum, bis das Bodenpersonal das Flugzeug fertig betankt hatte, dann schickte die Frau Leutnant uns wieder an Bord. Die Passagiere in der hinteren Kabine hatten blaue Bordkarten, während wir aus der vorderen Kabine gelbe hatten. Die Blauen gingen stets zuerst an Bord. Frau Leutnant wünschte den Blauen einen guten Flug und hielt sie gleichzeitig zur Eile an. Ehrfurchtsvoll behandelt wurden nur General Stafford und Frau. Sie verließen das Flugzeug als erste und verschwanden in einem offiziellen Wagen mit drei goldenen Sternen an der Kühlerhaube. Zur Abflugszeit kamen sie als letzte an Bord. Eine Basis der Air Force dürfte vermutlich der Platz auf Erden sein, an dem ein pensionierter Astronaut am besten aufgenommen wird. Die Frauen und Kinder auf dem Gras jenseits des Rollfelds hatten sich seit unserer Landung noch nicht gemuckst. Sie rührten sich auch nicht, als wir davonrollten.

Guam–Honolulu 3:20:02

Eine Frau aus dem hinteren Abteil stellte fest, daß man aus dem Fenster die Sterne sehen konnte, wenn man sich ein Hemd über den Kopf hängte. Das Flugzeugfenster war warm gegen mein Gesicht. Der Rumpf einer Concorde kann während des Flugs eine Temperatur von 115 °C erreichen. Die Sterne erleuchteten das Himmelszelt, der Himmel umschloß die schwarze Krümmung der Erde. Die Erde ist nicht groß. Laura und ich sahen abwechselnd aus dem Fenster. Als wir Hawaii erreichten, zeigte ein einziges Band trüber Straßenlaternen den schwarzen Rand des Ozeans an. Hinter den Lichtern ragte ein schroffer, dunkler Felsvorsprung aus vulkanischem Gestein auf wie ein Knochen. Die Lampen leuchteten wie törichte Ideen zwischen dem Berg und dem Meer. Beim Anflug auf Honolulu verbanden sich die Straßenlaternen zu einem glitzernden goldgelben Gitterwerk. Das Gitterwerk führte in einem Schwung vom Ozean bis an die Hänge der um die Stadt liegenden Berge. An den Bergen löste es sich in einzelne Bänder auf, die sich wie Ranken emporschlängelten. Wir landeten um vier Uhr morgens Ortszeit in Honolulu, zehn Uhr am gleichen Vormittag in New York. Wir lebten wieder am selben Tag wie unsere Körper. Wir holten uns allmählich ein.

Der Mann, der das Flugzeug zum Terminal lotsen sollte, winkte es falsch ein. Wahrscheinlich bekommt er in der Nachtschicht nicht viel Übung. Die aus dem Flughafengebäude ragende Jetway endete nicht an der Flugzeugtür. Mitglieder des Bodenpersonals, einer immer wichtiger aussehend als der Vorhergehende, kamen an die Öffnung der Jetway und lehnten sich hinaus, um sich die Sache anzuschauen. Der letzte trug eine Krawatte. Er schüttelte den Kopf und winkte jemandem unten am Boden zu. Wir konnten nicht aussteigen, und die Lieferanten für Speisen und Getränke konnten nicht einsteigen. Die Luft an Bord wurde rasch heiß und stickig. Das Flugzeug begann uns noch kleiner zu erscheinen. Wir hatten ein wenig europäisch zu riechen begonnen. In der hinteren Kabine tauschten die Preisrätselgewinner ungeniert ihre Deos und Eau-de-Toilette-Fläschchen. Laura und ich teilten trübsinnig unsere letzte Packung Erfrischungstücher. »Wir können hier nicht eine Stunde rumsitzen und darauf warten, daß diese verfluchten Idioten uns alles versauen«, sagte Helios. »Wir brauchen bloß Benzin. Ihr Essen und ihre Ananas können sie behalten.«

Kyle Petty verbrachte die Zeit auf Hawaii über eine Modern-Library-Ausgabe von Kafkas *Schloß* gebeugt. Er ist NASCAR-Fahrer in der dritten Generation. Er sieht seinem berühmten Vater Richard Petty geradezu unheimlich ähnlich, obwohl er glatter und geschliffener wirkt, wie ein Matineestar, der Richard Petty im Film spielt. Ich habe einen großen Teil meiner Kindheit damit verbracht, mir vorzustellen, ich wäre Richard Petty. Ich fuhr mit dem Dreirad immer um das Haus herum, in dem wir wohnten, und röhrte wie der Petty-Plymouth. Wenn es im North Carolina der 1960er überhaupt ein Kultobjekt gab, dann war es der Petty-Plymouth. Eine meiner frühesten Erinnerungen handelt davon, wie mein Vater mit mir nach Forest City in North Carolina fuhr, um ihn zu sehen. Dort war Richard

Petty in einer Werbeveranstaltung bei Cowan Tire and Battery zu Gast. Vielleicht sind Werbeauftritte der Fluch des Petty-Clans, der Preis, den sie dafür bezahlen, daß sie schneller leben als der Rest. Mein Vater und ich standen so nahe am Auto, daß wir es berühren konnten. Als Petty den Motor aufheulen ließ, kletterte ich an Vater hoch wie an einem Baum. Das erschien mir um vier Uhr morgens am Boden auf Hawaii so wichtig, daß ich es unbedingt erzählen mußte. »Ja«, sagte Petty, »alle Kinder lieben Rennautos, bis man den Motor anläßt.« Er schien nicht ganz zu verstehen, was ich sagen wollte. Ich verstand selbst nicht ganz, was ich sagen wollte.

Honolulu–Acapulco 3:24:21

Die Coors Light Concorde roch allmählich wie der Schrankraum für den ersten High-School-Jahrgang, bei dem es als Zeichen von Schwäche gilt, sein Sportzeug zum Waschen mit nach Hause zu nehmen. Hawaii hatte uns die letzten vielleicht noch übriggebliebenen Prätentionen genommen, was die persönliche Hygiene betraf. Irgendwo über dem Pazifik rümpfte Laura die Nase und fragte: »Ist das einer von uns beiden?« Ich entgegnete ihr, das könne ich längst nicht mehr feststellen.

Die eine Stunde und siebenundvierzig Minuten, die wir in Honolulu auf dem Boden verbracht hatten, waren unser längster Aufenthalt gewesen. In Bangkok waren wir auch fast so lange auf dem Boden gewesen, aber in Bangkok hatte man uns Blumen geschenkt. Auf Hawaii hatte sich nicht einmal der angebliche Protest der Umweltschützer gegen unseren Flug materialisiert. Die Putzkolonne und die

Lieferanten hatten tatenlos auf dem Rollfeld herumgestanden. Die Toiletten an Bord hätten an eine Autobahntankstelle gepasst. Die Flugbegleiter in ihren Smokings und Nina-Ricci-Uniformen tauchten tapfer in die Toilettenkabinen und putzten sie so gut es ging. Beim Abflug in der Morgendämmerung war der Diamond Head von Regenwolken verhüllt. Die gute Nachricht war, daß wir trotz der Verzögerung und Entbehrungen dem Fahrplan immer noch um eine Stunde und zwei Minuten voraus waren. »Wenn die Mexikaner keinen Mist bauen«, sagte Helios, »ist alles geritzt.«

Eine Concorde ohne Essen an Bord wird rasch zu einem stinknormalen engen Flugzeug. Ich bemühte mich, nicht über Hunger zu klagen, weil mir das allzu heuchlerisch erschien. Laura und ich hatten das zwischen Guam und Honolulu servierte leichte Frühstück übersprungen, weil wir gehört hatten, am Flughafen erwarte uns ein hawaiianisches Festmahl. Vor Hawaii hatten wir uns eine ganze Weile über Hungersnöte und Leiden und Ungerechtigkeit unterhalten. Es bot sich irgendwie an, während wir aus der dritten Sitzreihe einer Concorde auf die Krümmung der Erde niederblickten, und es hatte uns gutgetan, mit einer Handbewegung auf exotische Käsesorten zu verzichten. Doch nach zwei ausgelassenen Mahlzeiten schienen die Probleme von fünf Milliarden Fremden weniger schwer zu wiegen. Sollten sie doch Kuchen essen. Ich begann Coors Lights zu trinken, wegen der darin enthaltenen Kohlenhydrate. Der Hunger machte die Marketingfritzen noch lasziver als zuvor. Caroline, unsere Stewardeß während der letzten paar Etappen des Flugs, verschüttete einen Tropfen Champagner auf den Hosenschritt des Marketingfritzen, der neben uns auf der anderen Seite des Gangs saß. Er sagte: »Schätzchen, Sie müssen mir helfen, das abzuwischen.«

Sie entgegnete: »Das ist *Champagner.* Champagner gibt keine Flecken.«

Acapulco war von einer zerfurchten Kette steiler grüner Berge umgeben. An den Hängen standen große weiße Villen mit Blick über den Ozean. Die Rollbahn lag auf einem schmalen Streifen Land zwischen einer stillen Bucht und dem offenen Pazifik. Sie wirkte nicht lang genug, auch nur das kleinste Flugzeug zur Landung zu verlocken. Caroline berichtete uns munter, für eine Concorde sei sie viel zu kurz. Wir legten uns scharf nach links, und ich schaute geradewegs hinunter auf die weißen Linien der aus dem Ozean anrollenden Brandung. Die Brandung brach sich an einem mit Menschen übersäten Strand, die auf bunten Rechtecken aus Tuch lagerten wie Verletzte auf einem explodierten Matisse. In der Ebene um den Flughafen hatte man Tausende von Palmen in Reihen gepflanzt, die so präzise wirkten wie die Linien auf Rechenpapier. In den von den Palmen begrenzten, perfekten Quadraten wuchs dichter, niedriger Dschungel. Das grüne Dickicht leuchtete unter der tropischen Sonne fast neonfarben. Auf Mexiko zu schauen, tat mir beinahe in den Augen weh. Wir flogen steil an und bremsten scharf. Die Rollbahn erwies sich als lang genug.

Wir verließen das Flugzeug und landeten in einer Party. In unserem privaten Wartesaal erwartete uns eine achtköpfige Mariachi-Kapelle. Die Decke war mit Lampions und Papierschlangen behängt. Die Männer in der Kapelle spielten auf Trompeten und großen Gitarren und sangen mit bebenden Stimmen romantische mexikanische Volkslieder. Sie trugen enge Hosen zu kurzen Jacken und Cowboystiefel. Auf ihren Köpfen thronten gigantische Sombreros, die gleichen, die man an einer Schießbude in einem Vergnügungspark in Pennsylvania gewinnen kann. Sechs junge Mädchen in traditionellen Kostümen führten einen alten mexikanischen Tanz auf. Sie hätten dieselben Mädchen sein können, die in Thailand auf den hingestreuten Blütenblättern getanzt hatten. Sie hätten auch bei einer Eröffnungsfeier in North Carolina in karierten Baumwollkleidern einen Holzschuhtanz vorführen können. *Wo du in der Welt hinkommst, werden junge Mädchen zu deiner Ankunft tanzen.* Diese kleine Offenbarung ließ in mir die gleiche vage, sentimentale Hoffnung aufwallen, die mich jedes Jahr zu Weihnachten so rührt, daß ich zwei Wochen heulen könnte.

Im hinteren Teil des Raumes war eine lange Festtafel mit dampfenden Schüsseln und Platten voll mexikanischer Gerichte gedeckt, ein Geschenk der Air France. Ich fragte Randy, ob er Spanisch könne. Ich wollte jemanden fragen, ob man die Tomaten in der Salsa ohne Bedenken essen könne. Randy gab zur Antwort: »Ich kann ›huuu-iiie‹ sagen.« Das reichte mir als Billigung. Als wir zum Flugzeug zurückkehrten, war es von Soldaten mit Schnellfeuerwaffen bewacht. Randy legte einem Soldaten den Arm um die Schultern, während Mike ihn knipste. Dann stellte sich Mike neben den Soldaten, und Randy knipste Mike. Der Soldat sah aus, als gehörte er eigentlich in die Junior High School. Er gab sich Mühe, finster dreinzublicken, aber seine Miene wirkte eigentlich bloß leicht gekränkt.

Acapulco–New York 2:42:04

Kurz nach dem Start verkündete Helios, der Rekord sei uns sicher. Wir würden die schnellste Zeit, die je für eine Reise um die Erde in östlicher wie westlicher Richtung gemessen worden sei, um gut eine Stunde unterschreiten. Auf diese Nachricht hin stellte sich Tom Stafford in den Gang und vollführte einen überaus passablen Twist. Er küßte mehrmals seine Frau. Sie war genauso hübsch und blond, wie man es von einer Astronautengattin erwarten würde. Stafford sah immer noch so aus wie der Astronaut auf den alten Fotos. Er war dünn, so wie ein Seil, das eine Brücke hält, dünn ist. Seine blauen Augen schienen den Himmel zu spiegeln, aus ihnen strahlte der Welt sein Astronautenvertrauen entgegen. Tom Stafford sah aus wie ein Mann, der, wenn die ganze Crew der Concorde auf rätselhafte Weise plötzlich tot umfiele, wie selbstverständlich den Platz des Piloten übernehmen und das Kind nach Hause schaukeln würde. Mrs. Staffords Blick ruhte bewundernd auf ihm. Helios sagte gern, daß kein Mensch in *keinem* Fahrzeug sich je schneller fortbewegt habe als Stafford. Beim Wiedereintritt in die Erdatmosphäre hatte Apollo 10 eine Geschwindigkeit von 24791,4 Meilen pro Stunde. Stafford ratterte die Zahlen herunter, ohne nachdenken zu müssen. Er schreibt an seiner Autobiographie. Sie trägt den Titel *Higher and Faster.*

Als ich in der zweiten Klasse war, versammelte sich die Schülerschaft meiner Grundschule jedesmal, wenn die NASA eine Rakete in den Weltraum schoß, in der Aula. Ein Lehrer oder eine Lehrerin betete für die heile Wiederkehr der Astronauten, und dann saßen wir alle mucksmäuschenstill und sahen uns den Countdown und den Start auf einem kleinen Fernseher an, der mitten auf der Bühne auf einem kleinen silbernen Rollwagen stand. Bei einem solchen Start, während die aufsteigende Saturn V über die Bildfläche des Fernsehschirms schoß wie ein kleiner Wasserfloh und hinten ein weißes Rauchband ausstieß, sah ich bei einem Blick aus einem der hohen Fenster der Aula einen Kondensstreifen am Himmel. Ich war sicher, daß der Kondensstreifen, den ich sah, zu der Rakete gehörte, die sich in rasendem Tempo von der Erde entfernte. Ich stand auf und zeigte darauf. »Guckt mal!« rief ich. »Guckt! Da ist sie!« Ich konnte nicht umhin, dies Stafford zu erzählen, während wir unmittelbar am Rand des Weltalls unserem historischen Rekord entgegensausten. »Ich bin Gott immer wieder dankbar dafür, daß ich zu der Zeit an dem Ort sein durfte«, meinte Stafford darauf. »Ein Weltraumflug war eine Drei-Milliarden-Dollar-Investition«, sagte er, die rechte Hand so geformt, als hielte er damit den Steuerknüppel der Apollosonde, »und ich hatte das Ganze *da* im Griff.«

Wir überflogen Mexiko in höflichem Tempo und durchbrachen die Schallmauer draußen über dem Golf. Wir umrundeten die südliche Spitze von Florida, drehten nach Nordost und hielten an der östlichen Küste entlang Kurs auf die Heimat. In Florida lag Portside unter Gewitterwolken verborgen, aber an Steuerbord zog sich Grand Bahama Island hin wie ein breiter grüner Ölfleck auf dem blauen karibischen Meer. Schon während des ganzen Fluges hatten die Passagiere aus der hinteren Kabine die Bücher über die Geschichte der Concorde, die sie vor Antritt des Flugs geschenkt bekommen hatten, zum Signieren herumgereicht. Jetzt, da unser Abenteuer sich dem Ende näherte, kamen die Bücher in Mengen, auf der einen Seite des Gangs nach vorne, auf der anderen Seite wieder nach hinten, wie High-School-Jahrbücher am letzten Schultag. Es hatte sich herumgesprochen, daß die Passagiere einen Blick ins Cockpit werfen durften, wenn sie dabei still waren, und bald reichte die Schlange durch die Kombüse bis in die vordere Kabine. Die Piloten saßen mit verschränkten Armen, als langweilten sie sich, vor einer kleinen Windschutzscheibe und einer riesigen Instrumententafel. Der Flugingenieur blickte desinteressiert von seiner Konsole auf, wenn man sich zur Tür hineinduckte.

Irgendwo vor der Küste von North Carolina begannen die Coorsfritzen in einer Art von verspätetem, vereinigtem Delirium den Flug für ihre Firma zu reklamieren. Sie legten die Arme in Sportlermanier umeinander und sangen: »Coors! Coors! Coors!« Einer von ihnen ergriff das Ansagemikrofon und bemühte sich erfolglos, uns zum Mitsingen des Jingles aus der Coors-Light-»Tap the Rockies«-Werbung zu animieren. »Alle mit den Füßen trommeln!« rief er seinem gleichgültigen Publikum zu. »Stimmung!« Im Lauf des Flugs hatten die achtzig an Bord befindlichen Passagiere 286 Dosen Coors Light und 82 Flaschen Champagner verkonsumiert. Einer der Marketingfritzen torkelte in der vorderen Kabine vorsichtig durch den Gang und sprach jeden seiner Kameraden in dem genuschelten, liebevollen Ton an, den Männer, wenn sie tief in die Gläser geguckt haben, dem Ausdruck der Bruderschaft mit anderen Männern vorbehalten.

Um 18.35 Uhr zwängte sich Helios in die winzige Toilettenkabine und kam ein paar Minuten später in einem sauberen Hemd wieder hervor. Die Sonne gleißte wie ein neuer Stern am violetten Himmel unmittelbar vor der Flügelspitze. Sie stieg zu einem atemberaubend schönen, falschen Morgen auf, als das Flugzeug abzusteigen begann. Um 18.57 Uhr verließen wir zum letztenmal die Überschallgeschwindigkeit. Wir waren einen Augenblick in einer Wolkenbank verloren, dann streckte sich unter uns eine Inselbarriere aus wie ein Seil zwischen dem Festland und dem Meer. Westlich tauchte in der Ferne Manhatten aus dem Dunst auf, nur über die Brooklyn Bridge mit der Welt verbunden, die wir soeben umrundet hatten. Die Freiheitsstatue deutete zu uns empor, als wir über sie hinwegflogen. Die Flugbegleiterinnen scheuchten den Dokumentarfilmtrupp zur Landung auf die Sitze. Wir landeten um 19.17 Uhr. Wir waren in einunddreißig Stunden, siebenundzwanzig Minuten und neunundvierzig Sekunden um die Erde gekreist. Wir hatten den alten Rekord um eine Stunde und einundzwanzig Minuten unterboten. Nur Astronauten waren schneller um die Welt geflogen. Vor dem Terminal inszenierte der Regisseur des Dokumentarfilmtrupps mit uns noch einmal den Moment der Landung. Die Marketingfritzen brüllten begeistert. Die Coorsfritzen schwenkten ihre Coorsmützen und hielten Coors-Light-Dosen über ihren Köpfen in die Luft.

»Good-bye«, sagte Caroline übers Mikrofon, als der Jubel verhallt war. »Und noch einmal: Bravo!«

Zurück auf der Erde

Im Korridor auf dem Weg zum Zoll versuchte einer der Coorsfritzen genügend Passagiere zusammenzutreiben, damit sie für den Dokumentarfilmtrupp »It's a Small World After All« singen konnten, doch er schien der einzige zu sein, der den Text kannte. Marketingfritzen und Passagiere und Reporter machten einen Bogen um ihn wie Pendler, die einem Bettler aus dem Weg gehen. Beim Zoll fragte ich die

Beamtin, die mich kontrollierte, ob sie mir einen Stempel in den Paß machen könnte. Sie schüttelte geduldig den Kopf und gab ihn mir wieder. »Honey«, sagte sie, »Sie sind Bürger der Vereinigten Staaten. Unsere eigenen werden nicht gestempelt.«

Auf der anderen Seite der Zollsperre wurden wir von einer großen Menge empfangen, und zuerst dachte ich, sie warte auf uns. Doch dann mußte ich feststellen, daß sie einfach wartete. Wir befanden uns in der großen internationalen Ankunftshalle des Flughafens JFK. Hunderte von Menschen drängten sich an den Absperrseilen und sahen uns an, weil es sonst nichts anzusehen gab. Als wir in die Halle kamen, drängelte sich eine Schar Journalisten, größtenteils von europäischen Zeitungen und Fernsehsendern, auf der Suche nach Interviewpartnern um die Passagiere unseres Fluges. Ich sagte einem Fernsehreporter, daß Randy immer was Interessantes zu sagen habe. Er solle Randy interviewen.

Randy trat an die Mikrofone und bedankte sich bei der Air France und der Coors Brauerei für ihre wunderbare Gastfreundschaft. Er sagte, wir hätten alle eine echt schöne Zeit miteinander verbracht.

Er trat aus dem Scheinwerferlicht. Ich fragte: »Ist das alles?«

Randy zuckte die Achseln.

»Das war das langweiligste Interview, das ich je gehört habe«, sagte ich.

Randy wirkte gekränkt. »Was hätte ich denn sagen sollen?«

»Lassen Sie ihn«, sagte der Fernsehreporter. »Es war okay.«

»Es war okay«, sagte er zu Randy.

»Was hätte ich denn sagen sollen?« fragte Randy.

Ich sagte: »Das weiß ich nicht.«

Draußen vor dem Flughafengebäude verteilten wir uns für die kurze Fahrt zurück in unser Hotel auf zwei Busse. Ich beugte mich vor und erzählte dem Fahrer, daß wir gerade einen Geschwindigkeitsrekord für die Umrundung der Erde aufgestellt hatten.

»Seht ihn euch an«, sagte einer der Mitreisenden. »Es läßt ihn kalt.«

»Dies ist New York«, sagte der Busfahrer. »Irgendwas hat hier jeder zu erzählen.«

Später im Hotel sah ich mir CNN an, bis ich die Augen nicht mehr aufhalten konnte, ohne daß der Flug mit einem Wort erwähnt wurde. Am nächsten Morgen schäumte Helios vor Begeisterung über. »Eine Riesensache«, sagte er. »Reuters hat uns in ganz Europa in die Schlagzeilen gehievt.« Ich rief meine Mutter in North Carolina an. Sie hatte seit zwei Tagen nichts als CNN gesehen. Von dem Flug hatte sie nichts gehört. Ich kaufte eine *USA Today*, wo er auf Seite 3 in einer Spalte für »Nachrichten in Kürze« mit sechs Zeilen bedacht war.

Niemand in Amerika schien sich um uns zu scheren. Vielleicht lag es daran, daß dem ganzen Abenteuer der Geruch der siebziger Jahre anhaftete. Wir hatten uns in einem siebzehn Jahre alten Flugzeug aufgemacht, einen Eintrag im *Guiness Buch der Rekorde* zu ergattern. Wir hatten einen Apollo-Astronauten mitgenommen. Andererseits scherte sich vielleicht auch niemand darum, weil der Rekord kein Triumph des Mutes oder der Willenskraft, sondern der Logistik war. Das Ergebnis hatte nie wirklich in Zweifel gestanden. Die sechs von der Coors Light Concorde geflogenen Dreieinhalbstundenetappen stellten keine unzumutbare Anforderung für ein Linienflugzeug dar. Das einzige Wagnis in dieser Geschichte hatte Helios an seinem Schreibtisch bewältigt, lange bevor das Flugzeug überhaupt abhob.

Als ich am nächsten Morgen zum Abschiedsfrühstück erschien, waren die meisten Preisrätselgewinner schon wieder zum Packen auf ihre Zimmer gegangen. Die Mitarbeiter des Hotels waren dabei, die Tische abzuräumen. Kyle Petty war nach New Orleans abgereist. Von den Coorsfritzen war keiner mehr zu sehen. Tom Stafford saß an einem Tisch und signierte Fotos von sich im Weltraumanzug. Helios saugte den letzten Rest Glanz auf, den der fast leere Raum noch hergab. »Es war eine tolle Herausforderung, so was ganz allein auf die Beine zu stellen«, sagte er. »Da sieht man, was in einem Einmannbetrieb alles möglich ist.« Laura stellte mich ihrem richtigen Ehemann vor. Er schenkte mir seine Uhr. Sie hatte ihm erzählt, wie enttäuscht ich war, als ich in Dubai keine kaufen durfte.

Mike erzählte mir, er bezweifle, daß er je wieder fliegen würde. Er könne sich nicht vorstellen, welche Ziele ihn noch locken sollten. Als ich mich zum Gehen wenden wollte, bat er mich, seine Schuhe zu signieren. Ich sah auf sie hinunter. All möglichen Leute hatten ihre Namen auf seine Turnschuhe geschrieben. »Warum auch nicht?« sagte er. »Hey, zwölf Dollar, was soll's? Ich werd sie bloß noch zu besonderen Gelegenheiten anziehen.«

Ich fuhr mit Helios im Fahrstuhl hinunter ins Büro des Hotels, um mir eine Aufzeichnung der offiziellen Flugzeiten zu holen. Nun, da von ihm gecharterte Flüge sowohl den östlichen als auch den westlichen Geschwindigkeitsrekord hielten, meinte er, wolle er die Welt mit einer Concorde in nord-südlicher Richtung umrunden, über beide Pole. Er müsse nur rauskriegen, wie er an eine Lande- und Auftankerlaubnis in der Antarktis komme. Die Landebahn dort sei lang genug, aber der Papierkrieg werde es in sich haben. »Das wär was«, sagte er. »Nein, vergessen Sie's. Es ist nicht zu machen.«

Auf dem überbuchten Linienflug zurück nach Pittsburgh bekam ich den letzten Platz im Flieger. Als mein Name aufgerufen wurde, fluchten drei Männer im Wartesaal. Ich hatte den Platz ohne Fenster in der hintersten Ecke vor dem Klo. Mir war vorher noch nie aufgefallen, wie wenig Sauerstoff es im Passagierraum eines amerikanischen Flugzeugs gab. Als ich die Stewardeß fragte, ob ich statt des kleinen Plastikbechers die ganze Dose Cola Light haben könne, gab sie sie mir mit den Worten: »Ist mir egal.«

Doch als ich aus dem Flughafengebäude kam, winkte Sarah neben unserem Auto. Unsere beiden Hunde standen mit ihren Pfoten auf der Rücklehne der Vorderbank und beobachteten uns aufmerksam. Sie wirkten außer sich vor Freude, als ich auf den Beifahrersitz kletterte, fast so, als könnten sie ihr Glück nicht glauben. Sarah beugte sich zu mir herüber und gab mir einen Kuß. »Erzähl mir von der Reise«, sagte sie, sobald wir losgefahren waren.

»Hmm«, sagte ich. »Sie war nett. Sie war sehr interessant.«

Sie sagte: »Das ist alles?«

Ich sagte: »Was soll ich denn sagen?«

Wir waren auf dem Weg nach Hause – in ein altes Haus in einer grauen Stahlstadt nördlich von Pittsburgh, in der kein Stahl mehr produziert wurde, weit von North Carolina entfernt. Es war der Ort, wo ich hatte sterben wollen, aber nicht gestorben war, wo ich in den ersten drei Monaten, nachdem ich hingezogen war, siebenundzwanzigmal

Schnee gekehrt hatte, wo Sarah und ich das erste Jahr unserer Ehe überstanden, unser erstes Haus gekauft, unsere ersten Welpen zu unseren ersten Hunden herangezogen, unsere ersten Freunde gefunden hatten, abgesehen von den Leuten, die wir vor der Ehe jeder für sich gekannt hatten. Zehn Meilen hoch am Himmel, bei doppelter Schallgeschwindigkeit, war mir klar geworden, daß ich um die ganze Welt fliegen würde, nur um zu diesem Zuhause zurückzukehren, ja, daß ich schon dahin unterwegs gewesen war, als wir beim Abflug von der Rollbahn abgehoben hatten. Für den Augenblick schien das genug. Für den Augenblick schien das reichlich. Wir verließen das Steilufer über dem Ohio, überquerten die hohe grüne Brücke und tauchten mitten in die Innenstadt hinein. Dort sah es aus, als wäre ich nie fortgewesen.

Danksagung

Neun von den in diesem Buch enthaltenen Erzählungen wurden bereits in den folgenden Zeitschriften veröffentlicht: *Harper's* – »Somehow Form a Family« (»Eine Familie, irgendwie«) und »Tour de Fax«; *The New Yorker* – »The Quare Gene« (»Quare: eine besondere genetische Veranlagung«) und »Granny's Bridge« (»Grannys Brücke«); *The Oxford American* – »Deer Season, 1974« (»Hirschjagd 1974«), »Shooting the Cat«(»Die Katze soll sterben«), »The Courting Garden« (»Der Garten aus Liebe«), »Ghost Stories« (»Gespenstergeschichten«, in der Zeitschrift unter dem Titel »Ghosts in the Mist« erschienen) und »A Worn Path« (»Ein ausgetretener Pfad«).

»Hallway« (»Die Diele«) erschien zuerst in dem Band Home: *American Writers Remember Rooms of Their Own*, 1995 bei Pantheon Books in New York herausgegeben von Sharon Sloane Fiffer und Steve Fiffer.

Den Redakteuren Colin Harrison bei *Harper's*, Deborah Treisman beim *New Yorker* und Marc Smirnoff beim *Oxford American* möchte der Autor für ihren Zuspruch und ihren Glauben an diese Geschichten danken.

Ohne Gordon Katos unentwegte Unterstützung und Sarah Bell Earleys Wohlwollen, Weisheit und Langmut wäre dieses Buch nie geschrieben worden.